A DOMINAÇÃO MASCULINA

PIERRE BOURDIEU

A DOMINAÇÃO MASCULINA

a condição feminina e a violência simbólica

Tradução
Maria Helena Kühner

24ª edição

Rio de Janeiro | 2025

CIP-BRASIL. CATALOGAÇÃO NA PUBLICAÇÃO
SINDICATO NACIONAL DOS EDITORES DE LIVROS, RJ

B778d Bourdieu, Pierre
24. ed. A dominação masculina / Pierre Bourdieu ; tradução Maria Helena Kühner. - 24. ed. - Rio de Janeiro : Difel, 2025.

Tradução de: *La domination masculine*
ISBN 978-85-286-0705-5

1. Papel social. 2. Dominância (Psicologia). 3. Poder (Ciências sociais). 4. Homens - Psicologia. 5. Sexismo. I. Kühner, Maria Helena. II. Título.

25-95740 CDD: 305.31
CDU: 316.346.2-055.1

Gabriela Faray Ferreira Lopes - Bibliotecária - CRB-7/6643

Título original em francês: La domination masculine
Revisão de tradução: Gustavo Sora

Texto revisado segundo o Acordo Ortográfico da Língua Portuguesa de 1990.

Direitos exclusivos de publicação em língua portuguesa somente para o Brasil adquiridos pela
Difel, um selo da Editora Bertrand Brasil Ltda.
Rua Argentina, 171 – Rio de Janeiro, RJ – 20921-380 – Tel.: (21) 2585-2000,
que se reserva a propriedade literária desta tradução.

Impresso no Brasil

ISBN 978-85-286-0705-5

Sumário

Prefácio

A eternização do arbitrário

Este livro, no qual pude precisar, reforçar e corrigir minhas análises anteriores sobre o mesmo tema, apoiando-me no grande número de trabalhos dedicados às relações entre os sexos, põe em debate *explicitamente* a questão, bastante lembrada pela maior parte dos analistas (e de meus críticos), da permanência ou da mudança (constatadas ou desejadas) da ordem sexual: é, de fato, a importação e a imposição desta alternativa ingênua e ingenuamente normativa que levam a perceber, contra toda evidência, a constatação da constância relativa das estruturas sexuais e dos esquemas pelos quais elas são percebidas como uma maneira condenável e imediatamente condenada, falsa e imediatamente refutada (lembrando todas as transformações na situação das mulheres), de negar e de condenar as mudanças desta situação.

A esta questão torna-se necessário opor a outra, mais pertinente cientificamente e sem dúvida, também, a meu ver, mais urgente politicamente: se é verdade que as relações entre os sexos se transformaram menos do que uma observação superficial poderia fazer crer, e que o conhecimento das estruturas objetivas e das estruturas cognitivas de uma sociedade androcêntrica particularmente bem conservada (como a sociedade cabila, tal como pude observar no início dos anos 1960) fornece instrumentos que permitem compreender alguns dos aspectos mais bem dissimulados dessas relações nas sociedades contemporâneas mais avançadas economicamente, é preciso realmente perguntar-se quais são os mecanismos *históricos* responsáveis pela *des-historicização* e pela *eternização* das estruturas da divisão sexual e dos princípios de divisão correspondentes. Colocar o problema nesses termos é marcar um progresso na ordem do conhecimento, que pode estar no princípio de um progresso decisivo na ordem da ação. Lembrar que aquilo que, na história, aparece como eterno não é mais que o produto de um trabalho de eternização que compete a instituições interligadas, tais como a Família, a Igreja, a Escola, e também, em outra ordem, o esporte e o jornalismo (estas noções abstratas sendo simples designações estenográficas de mecanismos complexos, que devem ser analisados em cada caso em sua particularidade histórica), é reinserir na história e, portanto, devolver à ação histórica a relação entre os sexos que a visão naturalista e essencialista dela arranca (e não, como quiseram me fazer dizer, tentar parar a história e retirar às mulheres seu papel de agentes históricos).

É contra essas forças históricas de des-historicização que deve orientar-se, prioritariamente, uma iniciativa de mobilização, visando repor em marcha a história, neutralizando os mecanismos de neutralização da história. Esta mobilização marcadamente *política*, que abriria às mulheres a possibilidade de uma ação coletiva de resistência, orientada no sentido de reformas jurídicas e políticas, opõe-se tanto à resignação encorajadas pelas visões essencialistas (biologistas e psicanalíticas) da diferença entre os sexos, quanto à resistência reduzida a atos individuais ou a estes "*happenings*" discursivos sempre recomeçados e que preconizam certas doutrinas teóricas feministas: estas rupturas heroicas da rotina cotidiana, como as "*parodic performances*" tão caras a Judith Butler, exigem, sem dúvida, demais para um resultado muito diminuto e demasiado incerto.

Convocar as mulheres a se comprometerem com uma ação política em ruptura com a tentação da revolta introvertida de pequenos grupos de solidariedade e ajuda mútua, por mais necessários que estes sejam nas vicissitudes da vida diária, na casa, na fábrica, ou no escritório, não é, como se poderia crer e temer, convidá-las a aliar-se sem luta às formas e às normas ordinárias da luta política, com o risco de se verem atreladas ou engolfadas em movimentos estranhos a suas preocupações e a seus interesses específicos. É desejar que elas saibam trabalhar para inventar e impor — no seio mesmo do movimento social e apoiando-se em organizações nascidas da revolta contra a discriminação simbólica, de que elas são, juntamente com os (as) homossexuais, um dos alvos principais — formas de organização e de ação coletivas e armas eficazes, simbólicas sobretudo, capazes de abalar as instituições, estatais e jurídicas, que contribuem para eternizar sua subordinação.

Pierre Bourdieu

Prefácio publicado originalmente nas edições alemã e inglesa

Preâmbulo[1]

Certamente não me teria confrontado com assunto tão difícil se não tivesse sido levado a isso por toda a lógica de minha pesquisa. De fato, jamais deixei de me espantar diante do que poderíamos chamar de *paradoxo da doxa:* o fato de que a ordem do mundo tal como está, com seus sentidos únicos e seus sentidos proibidos, em sentido próprio ou figurado, suas obrigações e suas sanções, seja, grosso modo, respeitada; que não haja um maior número de transgressões ou subversões, delitos e "loucuras" (basta pensar na extraordinária coordenação de milhares de disposições — ou de vontades — que cinco minutos de circulação automobilística na Praça da Bastilha ou da Concorde requerem); ou, o que é ainda mais surpreendente, que a ordem estabelecida, com suas relações de dominação, seus direitos e suas imunidades, seus privilégios e suas injustiças, salvo uns poucos acidentes históricos,

---

1 Por não saber claramente se agradecimentos nominais seriam benéficos ou nefastos às pessoas a quem fossem dirigidos, vou me contentar em exprimir minha profunda gratidão a todos aqueles e, sobretudo, a todas aquelas que me trouxeram testemunhos, documentos, referências científicas, ideias, e minha esperança de que este trabalho venha a ser digno, sobretudo em seus efeitos, da confiança e das expectativas que eles ou elas nele depositaram. (Estas e as demais notas de rodapé são do próprio autor.)

perpetue-se depois de tudo tão facilmente, e que condições de existência das mais intoleráveis possam permanentemente ser vistas como aceitáveis ou até mesmo como naturais. Também sempre vi na dominação masculina, e no modo como é imposta e vivenciada, o exemplo por excelência desta submissão paradoxal, resultante daquilo que eu chamo de violência simbólica, violência suave, insensível, invisível a suas próprias vítimas, que se exerce essencialmente pelas vias puramente simbólicas da comunicação e do conhecimento, ou, mais precisamente, do desconhecimento, do reconhecimento ou, em última instância, do sentimento. Essa relação social extraordinariamente ordinária oferece também uma ocasião única de apreender a lógica da dominação, exercida em nome de um princípio simbólico conhecido e reconhecido tanto pelo dominante quanto pelo dominado, de uma língua (ou uma maneira de falar), de um estilo de vida (ou uma maneira de pensar, de falar ou de agir) e, mais geralmente, de uma propriedade distintiva, emblema ou estigma, dos quais o mais eficiente simbolicamente é essa propriedade corporal inteiramente arbitrária e não predicativa que é a cor da pele.

Torna-se evidente que, nessas matérias, nossa questão principal tem que ser a de restituir à *doxa* seu caráter paradoxal e, ao mesmo tempo, demonstrar os processos que são responsáveis pela transformação da história em natureza, do arbitrário cultural em *natural*. E, ao fazê-lo, nos pormos à altura de assumir, sobre nosso próprio universo e nossa própria visão de mundo, o ponto de vista do antropólogo capaz de, ao mesmo tempo, devolver à diferença entre o masculino e o feminino, tal como a (des)conhecemos, seu caráter arbitrário, contingente, e também, simultaneamente, sua necessidade sócio-lógica. Não é por acaso que, quando quis pôr em suspenso o que chama, magnificamente, de "o poder hipnótico da dominação", Virginia Woolf se armou de uma analogia etnográfica, religando geneticamente a segregação das mulheres aos rituais de uma sociedade arcaica: "Inevitavelmente, nós consideramos a sociedade um lugar de conspiração, que engole o irmão que muitas de nós temos razões de respeitar na vida privada, e impõe em seu lugar um macho monstruoso, de voz tonitruante, de pulso rude, que, de forma pueril, inscreve no chão signos com giz, místicas linhas de demarcação, entre as quais os seres humanos ficam fixados, rígidos, separados, artificiais. Lugares em que, ornado de ouro ou de púrpura, enfeitado de plumas como um selvagem, ele realiza seus ritos místicos e usufrui dos prazeres suspeitos do poder e da dominação, enquanto nós, 'suas' mulheres, nos vemos fechadas na casa da família, sem que nos seja dado participar de nenhuma das numerosas sociedades de que se compõe a sociedade."[2] "Linhas de demarcação místicas", "ritos místicos": esta linguagem — a da transfiguração mágica e da conversão simbólica que produz a consagração ritual, princípio de um novo conhe-

2 V. Woolf. *Trois guinées*, trad. V. Forrester, Paris, Éditions des Femmes, 1977, p. 200.

cimento — estimula a orientar a pesquisa para um enfoque capaz de apreender a dimensão propriamente simbólica da dominação masculina.

Será, portanto, necessário buscar em uma análise materialista da economia os meios de escapar da ruinosa alternativa entre o "material" e o "espiritual" ou "ideal" (mantida atualmente por meio da oposição entre os estudos ditos "materialistas", que explicam a assimetria entre os sexos pelas condições de produção, e os estudos ditos "simbólicos", muitas vezes notáveis, porém parciais). Mas, primeiramente, só uma utilização muito especial da etnologia pode permitir realizar o projeto, sugerido por Virginia Woolf, de objetivar cientificamente a operação, corretamente dita mística, na qual a divisão entre os sexos, tal como a conhecemos, se produz; ou, em outros termos, de tratar a análise objetiva de uma sociedade organizada de cima a baixo segundo o princípio androcêntrico (a tradição cabila) como uma arqueologia objetiva de nosso inconsciente, isto é, como instrumento de uma verdadeira socioanálise.[3]

Esse desvio por uma tradição exótica é indispensável para quebrar a relação de enganosa familiaridade que nos liga à nossa própria tradição. As aparências biológicas e os efeitos, bem reais, que um longo trabalho coletivo de socialização

3 Nem que seja para comprovar que meu propósito atual não resulta de uma conversão recente, remeto às páginas de um livro já antigo em que eu insistia no fato de que, quando aplicado à divisão sexual do mundo, a etnologia pode "tornar-se uma forma particularmente poderosa de socioanálise" (P. Bourdieu, *Le Sens pratique*, Paris, Éditions de Minuit, 1980, pp. 246-247).

do biológico e de biologização do social produziu nos corpos e nas mentes conjugam-se para inverter a relação entre as causas e os efeitos, e fazer ver uma construção social naturalizada (os "gêneros" como *habitus* sexuados) como o fundamento *in natura* da arbitrária divisão que está no princípio não só da realidade como também da representação da realidade e que se impõe por vezes à própria pesquisa.[4]

Mas será que esse uso quase analítico da etnografia, que desnaturaliza, historicizando, aquilo que é visto como o que há de mais natural na ordem social, a divisão entre os sexos, não se arrisca a pôr em destaque constantes e invariáveis — que estão no mesmo princípio da sua eficácia socioanalítica — e, com isso, a eternizar, ratificando-a, uma representação conservadora da relação entre os sexos, a mesma que se condensa no mito do "eterno feminino"? É aqui que nos

---

4 Assim, não é raro que os psicólogos retomem por conta própria a visão comum dos sexos como conjuntos radicalmente separados, sem interseção, e ignorem o grau de sobreposição entre as distribuições de performances masculinas e femininas, e as diferenças (de grandeza) entre as diferenças constatadas nos diversos domínios (da anatomia sexual à inteligência). Ou, o que é mais grave, que, na construção e descrição de seu objeto, muitas vezes eles se deixem guiar pelos princípios de visão e de divisão inscritos na linguagem comum, seja quando se empenham em medir diferenças evocadas na linguagem — como o fato de que os homens seriam mais "agressivos" e as mulheres mais "temerosas" —, seja quando usam termos correntes, e portanto prenhes de juízos de valor, para descrever tais diferenças. Cf., por exemplo, entre outros, J. A. Sherman, *Sex-related Cognitive Differences: An Essay on Theory and Evidence*, Springfield (Illinois), Thomas, 1978; M. B. Parlee, "Psychology: re-view essay", *Signs: Journal of Women in Culture and Society*, I, 1975, pp. 119-139 — a propósito, sobretudo, do balanço das diferenças mentais e comportamentais entre os sexos estabelecido por J. E. Garai e A. Scheinfeld em 1968; M. B. Parlee, "The Premenstrual Syndrome", *Psychological Bulletin*, 80, 1973, pp. 454-465.

deparamos com um novo paradoxo, capaz de obrigar a uma completa revolução na maneira de abordar o que já se tentou estudar sob forma de "a história das mulheres": será que as invariáveis que se mantêm, acima de todas as mudanças visíveis da condição feminina, e são ainda observadas nas relações de dominação entre os sexos, não obrigam a tomar como objeto privilegiado os mecanismos e as instituições históricas que, no decurso da história, não cessaram de arrancar dessa mesma história tais invariáveis?

Essa revolução no conhecimento não deixaria de ter consequências na prática e, particularmente, na concepção das estratégias destinadas a transformar o estado atual da relação de forças material e simbólica entre os sexos. Se é verdade que o princípio de perpetuação dessa relação de dominação não reside verdadeiramente, ou pelo menos principalmente, em um dos lugares mais visíveis de seu exercício, isto é, dentro da unidade doméstica, sobre a qual certo discurso feminista concentrou todos os olhares, mas em instâncias como a escola ou o estado, lugares de elaboração e de imposição de princípios de dominação que se exercem dentro mesmo do universo mais privado, é um imenso campo de ação que se encontra aberto às lutas feministas, chamadas então a assumir um papel original, e bem definido, no mesmo seio das lutas políticas contra todas as formas de dominação.

1

Uma imagem ampliada

Como estamos incluídos, como homem ou mulher, no próprio objeto que nos esforçamos por apreender, incorporamos, sob a forma de esquemas inconscientes de percepção e de apreciação, as estruturas históricas da ordem masculina; arriscamo-nos, pois, a recorrer, para pensar a dominação masculina, a modos de pensamento que são eles próprios produto da dominação. Não podemos esperar sair desse círculo se não encontrarmos uma estratégia prática para efetivar uma objetivação do sujeito da objetivação científica. Essa estratégia, que é a que vamos aqui adotar, consiste em transformar um exercício de reflexão transcendental visando a explorar as "categorias do entendimento", ou, na expressão de Durkheim, "as formas de classificação" com as quais construímos o mundo (mas que, originárias deste mundo, estão essencialmente de acordo com ele, mesmo que permaneçam despercebidas), em uma espécie de experiência de laboratório: a que consistirá em tratar a análise etnográfica das estruturas objetivas e das formas cognitivas de uma sociedade histórica específica, ao mesmo tempo exótica e íntima, estranha e familiar, a dos berberes da Cabília, como instrumento de um trabalho de socioanálise do inconsciente androcêntrico capaz de operar a objetivação das categorias deste inconsciente.[1]

Os camponeses das montanhas da Cabília salvaguardaram, acima das conquistas e das conversões e sem dúvidas em reação a elas, estruturas que, protegidas sobretudo pela coerência prática, relativamente inalterada, de condutas e de discursos parcialmente arrancados ao tempo pela estereotipagem ritual, representam uma forma paradigmática da visão "falo-narcísica" e da cosmologia androcêntrica, comuns a todas as sociedades mediterrâneas e que sobrevivem, até hoje, mas em estado parcial e como se estivessem fragmentadas, em nossas estruturas cognitivas e em nossas estruturas sociais. A escolha da Cabília em particular justifica-se quando se sabe, por um lado, que a tradição cultural que ali se manteve constitui uma realização paradigmática da tradição mediterrânea (e podemos convencer-nos disso consultando as pesquisas etnográficas consagradas ao problema da honra e da vergonha em diferentes sociedades mediterrâneas, na Grécia, Itália, Espanha, Egito, Turquia,

1 Sem dúvida, eu não teria sido capaz de recuperar em *La Promenade au phare* (*Ao farol*), de Virginia Woolf, a análise do olhar masculino que a obra encerra (e que apresento adiante) se não a tivesse relido com o olhar informado pela visão cabila (V. Woolf, *La Promenade au phare, (To the Lighthouse)*, trad. de M. Lanoire, Paris, Stock, 1929, p. 24).

Cabília etc.);[2] e que, por outro lado, toda a área cultural europeia partilha, indiscutivelmente, dessa tradição, como o comprova a comparação de rituais observados na Cabília com os que foram registrados por Arnold Van Gennep na França no começo do século XX.[3] Poderíamos, sem dúvida, ter-nos alicerçado na tradição da Grécia antiga, em que a psicanálise buscou o essencial de seus esquemas interpretativos, graças às inúmeras pesquisas de etnografia histórica que lhe foram consagradas. Mas nada pode substituir o estudo direto de um sistema que ainda está em funcionamento e que permaneceu relativamente à margem de reinterpretações semieruditas (por não haver uma tradição escrita): de fato, como já comentei anteriormente,[4] a análise de um *corpus* como o da Grécia, cuja produção se estende por vários séculos, corre o risco de *sincronizar* artificialmente estágios sucessivos e diferentes do sistema e, sobretudo, de conferir um mesmo estatuto epistemológico a textos que submeteram o antigo fundo mítico-cultural a diversas reelaborações, mais ou menos profundas. O intérprete que pretenda agir como etnógrafo arrisca-se, assim, a tratar como informantes "ingênuos" autores que já estavam agindo também como

2 Cf. J. Peristiany (ed.), *Honour and Shame: the Values of Mediterranean Society*, Chicago, University of Chicago Press, 1974, e também J. Pitt-Rivers, *Mediterranean Countrymen. Essays in the Social Anthropology of the Mediterranean*, Paris-la-Haye, Mouton, 1963.

3 A. Van Gennep, *Manuel de folklore français contemporain*, Paris, Picard, 3 vol., 1937-1958.

4 Cf. P. Bourdieu: "Lecture, lecteurs, lettrés, littérature", em *Choses dites*, Paris Éditions de Minuit, 1987, pp. 132-143.

(quase) etnógrafos, e cujas evocações mitológicas, mesmo as aparentemente mais arcaicas, como as de Homero ou Hesíodo, já são mitos elaborados, que implicam omissões, deformações e reinterpretações (e o que dizer quando, como o fez Michel Foucault no segundo volume de sua *História da sexualidade*, alguém decide começar por Platão a indagação sobre a sexualidade e o sujeito, ignorando autores como Homero, Hesíodo, Ésquilo, Sófocles, Heródoto ou Aristófanes, sem falar nos filósofos pré-socráticos, nos quais o antigo alicerce mediterrâneo aflora mais claramente?). A mesma ambiguidade pode ser encontrada em todas as obras (sobretudo as médicas) que se pretendem eruditas, nas quais não se consegue distinguir o que pediram de empréstimo a autoridades (como Aristóteles, que, em pontos essenciais, converteu ele próprio a velha mitologia mediterrânea em mito erudito) e o que foi reinventado a partir das estruturas do inconsciente e sancionado, ou ratificado, pela caução do saber adquirido.

A CONSTRUÇÃO SOCIAL DOS CORPOS

Em um universo em que, como na sociedade cabila, a ordem da sexualidade não se constitui como tal, e no qual as diferenças sexuais permanecem imersas no conjunto das oposições que organizam todo o cosmos, os atributos e atos sexuais se veem sobrecarregados de determinações antropológicas e cosmológicas. Ficamos, pois, condenados a equivocar-nos sobre sua significação profunda se os pensarmos segundo a categoria do sexual em si. A constituição da sexualidade enquanto tal (que encontra sua realização no erotismo) nos fez perder o senso da cosmologia sexualizada, que se enraíza em uma topologia sexual do corpo socializado, de seus movimentos e seus deslocamentos, imediatamente revestidos de significação social — o movimento para o alto sendo, por exemplo, associado ao masculino, como a ereção, ou a posição superior no ato sexual.

Arbitrária em estado isolado, a divisão das coisas e das atividades (não necessariamente sexuais) segundo a oposição entre o masculino e o feminino recebe sua necessidade objetiva e subjetiva de sua inserção em um sistema de oposições homólogas, alto/baixo, em cima/embaixo, na frente/atrás, direita/esquerda, reto/curvo, seco/úmido, duro/mole, temperado/insosso, claro/escuro, fora (público)/dentro (privado) etc., que, para alguns, correspondem a movimentos do corpo (alto/baixo // subir/descer // fora/dentro // sair/entrar). Semelhantes na diferença, tais oposições são suficientemente concordes para se sustentarem mutuamente, no jogo e pelo jogo inesgotável de transferências práticas e metáforas; e também suficientemente divergentes para conferir, a cada uma, uma espécie de espessura semântica, nascida da sobredeterminação pelas harmonias, conotações e correspondências.[5]

5 Para um quadro detalhado da distribuição das atividades entre os sexos, cf. P. Bourdieu, *Le Sens pratique*, *op.cit.*, p. 358.

Esses esquemas de pensamento, de aplicação universal, registram diferenças de natureza inscritas na objetividade, das variações e dos traços distintivos (por exemplo, em matéria corporal) que eles contribuem para fazer existir, ao mesmo tempo que as "naturalizam", inscrevendo-as em um sistema de diferenças, todas igualmente naturais em aparência; de modo que as previsões que elas engendram são incessantemente confirmadas pelo curso do mundo, sobretudo por todos os ciclos biológicos e cósmicos. Assim, não vemos como poderia emergir na consciência a relação social de dominação que está em sua base e que, por uma inversão completa de causas e efeitos, surge como uma aplicação, entre outras, de um sistema de relações de sentido totalmente independente das relações de força. O sistema mítico-ritual desempenha aqui um papel equivalente ao que incumbe ao campo jurídico nas sociedades diferenciadas: na medida em que os princípios de visão e divisão que ele propõe estão objetivamente ajustados às divisões pré-existentes, ele consagra a ordem estabelecida, trazendo-a à existência conhecida e reconhecida, oficial.

A divisão entre os sexos parece estar "na ordem das coisas", como se diz por vezes para falar do que é normal, natural, a ponto de ser inevitável: ela está presente, ao mesmo tempo, em estado objetivado nas coisas (na casa, por exemplo, cujas partes são todas "sexuadas"), em todo o mundo social e, em estado incorporado, nos corpos e nos *habitus* dos agentes, funcionando como sistemas de esquemas de percepção, de pensamento e de ação. (Quando, por necessidade de comunicação, eu falo, como aqui, em categorias ou estruturas cognitivas, arriscando-me a parecer cair na filosofia intelectualista que tenho seguidamente criticado, seria melhor falar de esquemas práticos ou de disposições; mas a palavra "categoria" impõe-se por vezes porque tem o mérito de designar ao mesmo tempo uma unidade social — a categoria dos agricultores — e uma estrutura cognitiva, e de tornar manifesto o elo que as une.) É a concordância entre as estruturas objetivas e as estruturas cognitivas, entre a conformação do ser e as formas do conhecer, entre o curso do mundo e as expectativas a esse respeito, que torna possível esta referência ao mundo que Husserl descrevia com o nome de "atitude natural", ou de "experiência dóxica" — deixando, porém, de lembrar as condições sociais de sua possibilidade. Essa experiência apreende o mundo social e suas arbitrárias divisões, a começar pela divisão socialmente construída entre os sexos, como naturais, evidentes, e adquire, assim, todo um reconhecimento de legitimação. É por não perceberem os mecanismos profundos, tais como os que fundamentam a concordância entre as estruturas cognitivas e as estruturas sociais, e, por tal, a experiência dóxica do mundo social (por exemplo, em nossas sociedades, a lógica reprodutora do sistema educacional), que pensadores de linhas filosóficas muito diferentes podem imputar todos os efeitos simbólicos de legitimação (ou de sociodiceia) a fatores que decorrem da ordem da *representação* mais ou menos consciente e intencional ("ideologia", "discurso" etc.).

A força da ordem masculina se evidencia no fato de que ela dispensa justificação:[6] a visão androcêntrica impõe-se como neutra e não tem necessidade de se enunciar em discursos que visem a legitimá-la.[7] A ordem social funciona como uma imensa máquina simbólica que tende a ratificar a dominação masculina sobre a qual se alicerça: é a divisão sexual do trabalho, distribuição bastante estrita das atividades atribuídas a cada um dos dois sexos, de seu local, seu momento, seus instrumentos; é a estrutura do espaço, opondo o lugar de assembleia ou de mercado, reservados aos homens, e a casa, reservada às mulheres; ou, no próprio lar, entre a parte masculina, com o salão, e a parte feminina, com o estábulo, a água e os vegetais; é a estrutura do tempo, as atividades do dia, o ano agrário, ou o ciclo de vida, com momentos de ruptura, masculinos, e longos períodos de gestação, femininos.[8]

---

6 Muitas vezes já se observou que, tanto na percepção social quanto na linguagem, o gênero masculino se mostra como algo não marcado, de certa forma neutro, ao contrário do feminino, que é explicitamente caracterizado. Dominique Merllié verificou, ao tratar do reconhecimento do "sexo" da escritura, que os traços femininos são percebidos apenas como presentes ou ausentes (cf. D. Merllié, "Le sexe de l'écriture, notes sur la perception sociale de la féminité", *Actes de la recherche en sciences sociales*, 83, junho 1990, pp. 40-51).

7 É impressionante que praticamente não se encontrem mitos justificativos da hierarquia sexual (salvo, talvez, o mito do nascimento da cevada [cf. P. Bourdieu, *Le Sens pratique, op. cit.*, p. 128] e o mito que busca racionalizar a posição "normal" do homem e da mulher no ato sexual, de que falarei adiante).

8 Seria necessário poder lembrar aqui toda a análise do sistema mítico-ritual (por exemplo, sobre a estrutura do espaço interno da casa: cf. P. Bourdieu, *Le Sens pratique, op. cit.*, pp. 441-461; sobre a organização das atividades do dia: pp. 415-421; sobre a organização do ano agrário: pp. 361-409). Como aqui só posso mencionar o mínimo estritamente necessário à construção do modelo, gostaria de convidar o leitor que queira dar toda a sua força ao "analisador" etnográfico a ler diretamente *Le Sens pratique* ou, pelo menos, o esquema sinóptico reproduzido ao lado.

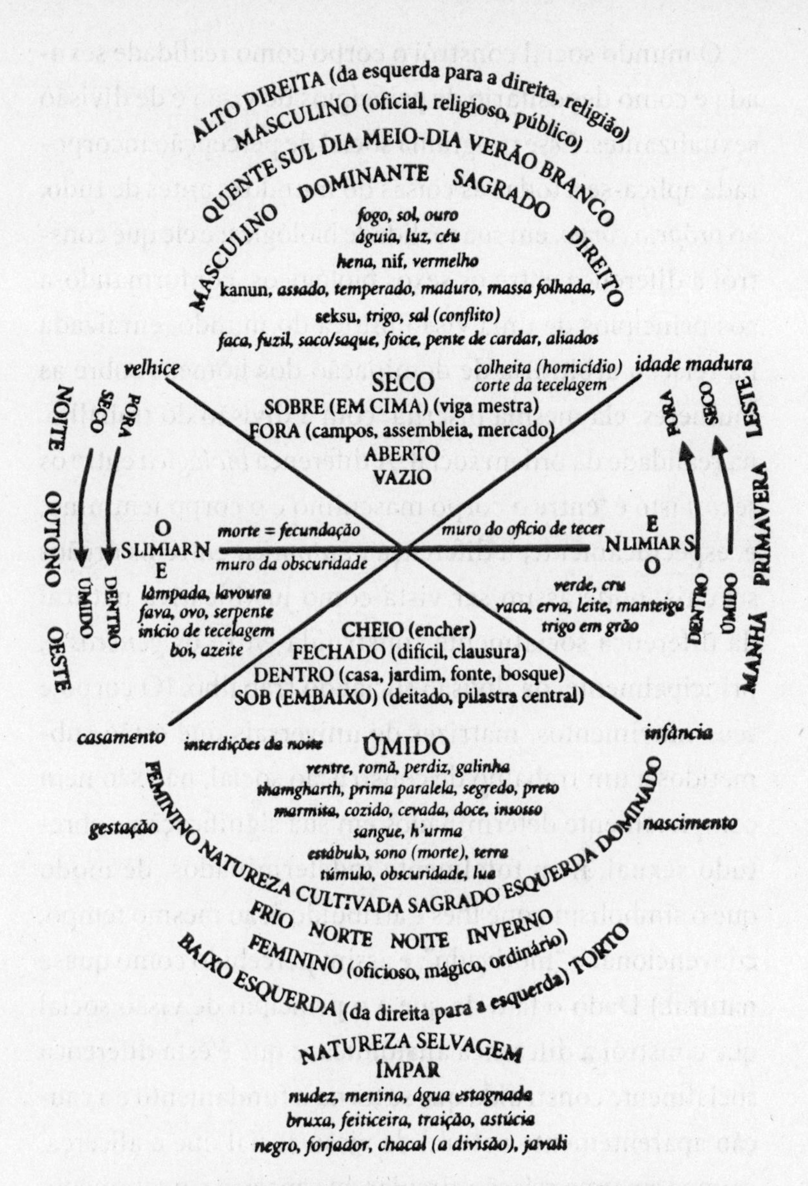

Esquema sinóptico das oposições pertinentes

Pode-se ler este esquema seguindo as oposições verticais (seco/úmido), alto/baixo, direita/esquerda, masculino/feminino), ou os processos (por exemplo, os do ciclo da vida: casamento, gestação, nascimento etc. ou os do ano agrário) e os movimentos (abrir/fechar, entrar/sair etc.).

O mundo social constrói o corpo como realidade sexuada e como depositário de princípios de visão e de divisão sexualizantes. Esse programa social de percepção incorporada aplica-se a todas as coisas do mundo e, antes de tudo, ao *próprio corpo*, em sua realidade biológica: é ele que constrói a diferença entre os sexos biológicos, conformando-a aos princípios de uma visão mítica do mundo, enraizada na relação arbitrária de dominação dos homens sobre as mulheres, ela mesma inscrita, com a divisão do trabalho, na realidade da ordem social. A diferença *biológica* entre os *sexos*, isto é, entre o corpo masculino e o corpo feminino, e, especificamente, a diferença *anatômica* entre os órgãos sexuais, pode assim ser vista como justificativa natural da diferença socialmente construída entre os *gêneros* e, principalmente, da divisão social do trabalho. (O corpo e seus movimentos, matrizes de universais que estão submetidos a um trabalho de construção social, não são nem completamente determinados em sua significação, sobretudo sexual, nem totalmente indeterminados, de modo que o simbolismo que lhes é atribuído é, ao mesmo tempo, convencional e "motivado", e assim percebido como quase natural.) Dado o fato de que é o princípio de visão social que constrói a diferença anatômica, e que é esta diferença socialmente construída que se torna o fundamento e a caução aparentemente natural da visão social que a alicerça, caímos em uma relação circular que encerra o pensamento na evidência de relações de dominação inscritas ao mesmo tempo na objetividade, sob forma de divisões objetivas, e na subjetividade, sob forma de esquemas cognitivos que, organizados segundo essas divisões, ordenam a percepção das divisões objetivas.

A virilidade, em seu aspecto ético mesmo, isto é, enquanto quididade do *vir, virtus*, questão de honra (*nif*), princípio da conservação e do aumento da honra, mantém-se indissociável, pelo menos tacitamente, da virilidade física, através, sobretudo, das provas de potência sexual — defloração da noiva, progenitura masculina abundante etc. — que são esperadas de um homem que seja realmente um homem. Compreende-se que o falo, sempre presente metaforicamente, mas muito raramente nomeado e nomeável, concentre todas as fantasias coletivas de potência fecundante.[9] À maneira das filhoses ou da massa folhada, que se come no momento dos partos, das circuncisões, do nascer dos dentes, ele "cresce" ou "se levanta". O esquema ambíguo do *enchimento* é o princípio gerador dos ritos de fecundidade que, destinados a fazer crescer mimeticamente (o falo e o ventre da mulher), pelo recurso sobretudo a alimentos que inflam e fazem inflar, se impõem nos momentos em que a ação fecundadora da potência masculina deve se exercer, como nos casamentos

9 A tradição europeia associa a coragem física ou moral à virilidade ("tê-la..." etc.) e, como a tradição berbere, estabelece explicitamente uma ligação entre o volume do nariz (*nif*), símbolo do ponto de honra, e o tamanho suposto do falo.

— e também por ocasião do início das lavouras, tempo de uma ação homóloga de abertura e fecundação da terra.[10]

A ambiguidade estrutural, manifesta na existência de um laço morfológico (por exemplo, entre *abbuch*, o pênis, e sua forma no feminino, *thabbucht*, o seio) entre certo número de símbolos ligados à fecundidade, pode ser explicada pelo fato de representarem diferentes manifestações da plenitude vital, do vivente que dá vida (através do leite e do esperma, que se assemelha ao leite:[11] quando os homens se ausentam por um período longo, diz-se a suas mulheres que eles vão voltar com "um cântaro de leitinho, de leite coalhado"; de um homem pouco discreto em suas relações extraconjugais, diz-se que "ele derramou o leitinho sobre a barba"; *yecca yeswa*, "ele comeu e bebeu" significa que ele fez amor; e resistir à sedução é "não derramar o leite no peito"). A mesma relação morfológica se estabelece entre *thamellalts*, o óvulo, símbolo por excelência da fecundidade feminina, e *imellalen*, os testículos: dizem que o pênis é o único macho que choca dois ovos. E as mesmas associações podem ser

10 Sobre os alimentos que enchem (inflam) ou que fazem inflar, cf. P. Bourdieu, *Le Sens pratique*, *op.cit.*, pp. 412-415, e sobre a função dos atos ou dos objetos miticamente ambíguos, sobredeterminados ou soltos, pp. 426 e seg.

11 O termo mais evocador é *ambul*, em sentido próprio bexiga ou chouriço, mas também falo (cf. T. Yacine-Titouh, "Anthropologie de la peur. L'exemple des rapports hommes-femmes, Algérie", em T. Yacine-Titouh [ed.], *Amour, phantasmes et sociétés en Afrique du Nord et au Sahara*, Paris, L'Harmattan, 1992, pp. 3-27; e "La feminité ou la représentation de la peur dans l'imaginaire social kabyle", em *Cahiers de la littérature orale*, 34, INALCO, 1993. pp. 19-43).

encontradas nas palavras que designam o esperma, *zzel* e principalmente *laâmara*, que, por sua raiz — *aâmmar*, que significa encher, prosperar etc. — evoca a plenitude, o que está cheio de vida e que enche de vida, o esquema de *preenchimento* (cheio/vazio, fecundo/estéril etc.) combinando-se regularmente com o esquema do enchimento na criação dos ritos de fertilidade.[12]

Ao associar a ereção fálica à dinâmica vital do enchimento, que é imanente a todo o processo de reprodução natural (germinação, gestação etc.), a *construção* social dos órgãos sexuais *registra e ratifica* simbolicamente certas propriedades naturais indiscutíveis; ela contribui, assim — juntamente com outros mecanismos, dos quais o mais importante é, sem dúvida, como vimos, a inserção de cada relação (cheio/vazio, por exemplo) em um sistema de relações homólogas e interconectadas —, para converter a arbitrariedade do *nomos* social em necessidade da natureza (*physis*). (Essa lógica da *consagração simbólica* dos processos objetivos, cósmicos e biológicos principalmente, que opera em todo o sistema mítico-ritual — por exemplo, com o fato de tratar a germinação do grão como ressurreição, acontecimento homólogo ao do renascimento do avô no neto, sancionado ao ser-lhe dado o mesmo nome —, dá um fundamento quase objetivo a esse sistema e, com isso, à crença, reforçada também por sua unanimidade, de que ele é objeto.)

---

12 Sobre os esquemas de cheio/vazio e seu preenchimento, cf. P. Bourdieu, *Le Sens pratique*, *op. cit.*, pp. 452-453, ou ainda p. 397 (a propósito da serpente).

Quando os dominados aplicam àquilo que os domina esquemas que são produto da dominação, ou, em outros termos, quando seus pensamentos e suas percepções estão estruturados de conformidade com as estruturas mesmas da relação da dominação que lhes é imposta, seus atos de *conhecimento* são, inevitavelmente, atos de *reconhecimento*, de submissão. Porém, por mais exata que seja a correspondência entre as realidades, ou os processos do mundo natural, e os princípios de visão e de divisão que lhes são aplicados, há sempre lugar para uma *luta cognitiva* a propósito do sentido das coisas do mundo e particularmente das realidades sexuais. A indeterminação parcial de certos objetos autoriza, de fato, interpretações antagônicas, oferecendo aos dominados uma possibilidade de resistência contra o efeito de imposição simbólica. É por isso que as mulheres podem se alicerçar nos esquemas de percepção dominantes (alto/baixo, duro/mole, reto/curvo, seco/úmido), que as levam a uma representação bastante negativa do próprio sexo,[13] para pensar os atributos sexuais masculinos por analogia com as coisas que pendem, moles, sem vigor (*laâlaleq, asaâlaq*, usados também para a cebola ou a carne em postas, ou *acherbub*, sexo mole, sem

13 As mulheres acham que seu sexo só é bonito quando oculto ("a pedra soldada"), guardado (*yejmaâ*) e colocado sob a proteção do *serr*, o charme (à diferença do sexo masculino, que não tem *serr* porque não pode ser escondido). Uma das palavras que o designam, *takhna*, é, como o nosso "idiota", empregado como interjeição (*A takhnal*) para expressar a tolice (cara de "*takhna*" é o rosto amorfo, achatado, sem a modelagem que dá um belo *nariz*). Outro dos termos berberes que designam a vagina, aliás um dos mais pejorativos, significa também viscoso.

vigor, de velho, por vezes associado a *ajerbub*, andrajo);[14] ou até tirar partido do estado minimizado do sexo masculino para afirmar a superioridade do sexo feminino — como no ditado: "Você, sua equipagem (*laâlaleq*) despenca, diz a mulher ao homem, ao passo que eu, eu sou uma pedra bem soldada."[15]

Assim, a definição social dos órgãos sexuais, longe de ser um simples registro de propriedades naturais, diretamente expostas à percepção, é produto de uma construção efetuada à custa de uma série de escolhas orientadas, ou melhor, através da acentuação de certas diferenças, ou do obscurecimento de certas semelhanças. A representação da vagina como um falo invertido, que Marie-Christine Pouchelle descobriu nos escritos de um cirurgião da Idade Média, obedece às mesmas oposições fundamentais entre o positivo e o negativo, o direito e o avesso, que se impõem a partir do momento em que o princípio masculino é tomado como medida de todas as coisas.[16] Sabendo, assim, que o homem e a mulher são vistos como duas variantes, superior e inferior, da mesma

---

14 Todas essas palavras são, evidentemente, marcadas por tabus, de modo que termos aparentemente anódinos, como *duzan*, os negócios, *laqlul*, a louça, *lah'wal*, os ingredientes, ou *azaâkuk*, o rabo, lhes servem muitas vezes como substitutivos eufemísticos. Entre os cabilas, como em nossa própria tradição, os órgãos sexuais masculinos são, pelo menos nas designações eufemísticas, comparados a *instrumentos* ("aparelho", "máquina" etc.), o que talvez se deva relacionar com o fato de que, até hoje, a manipulação dos objetos técnicos caiba sistematicamente aos homens.

15 Cf. T. Yacine-Titouh, "Anthropologie de la peur", *loc. cit.*

16 M.-C. Pouchelle, *Corps et chirurgie à l'apogée du Moyen Age*, Paris, Flammarion, 1983.

fisiologia, compreendemos por que, até o Renascimento, não se dispusesse de terminologia anatômica para descrever em detalhes o sexo da mulher, que é representado como composto dos mesmos órgãos que o do homem, apenas dispostos de maneira diversa.[17] Por isso, como demonstra Yvonne Knibiehler, os anatomistas de princípios do século XIX (sobretudo Virey), ampliando o discurso dos moralistas, tentam encontrar no corpo da mulher a justificativa do estatuto social que lhes é imposto, apelando para oposições tradicionais entre o interior e o exterior, a sensibilidade e a razão, a passividade e a atividade.[18] Bastaria seguir a história da "descoberta" do clitóris, tal como a relata Thomas Laqueur,[19] prolongando-a até a teoria freudiana da ligação da sexualidade feminina do clitóris para a vagina, para acabar de demonstrar que, longe de desempenharem o papel fundador que lhes é atribuído, as diferenças visíveis entre os órgãos sexuais masculino e feminino são uma construção social que encontra seu início nos princípios de divisão da razão androcêntrica, ela própria fundamentada na divisão dos estatutos sociais atribuídos ao homem e à mulher.[20]

---

17 Cf. T. W. Laqueur, "Orgasm, Generation and the Politics of Reproductive Biology", em C. Gallagherand, T. W. Laqueur (eds.), *The Making of the Modern Body: Sexuality and Society in the Nineteenth Century*, Berkeley, University of California Press, 1987.

18 Y. Knibiehler: "Les médecins et la 'nature féminine' au temps du Code Civil", *Annales*, 31 (4), 1976, pp. 824-845.

19 T. W. Laqueur, "Amor Veneris, Vel Dulcedo Appeletur", em M. Feher, R. Naddaf e N. Tazi (eds.), *Zone*, Parte III, Nova York, Zone, 1989.

20 Entre os inúmeros estudos que mostram a contribuição da história natural e dos naturalistas para a *naturalização* das diferenças sexuais (e raciais: a lógica é a mesma), podemos citar o de Londa Schiebinger (*Nature's Body,*

Os esquemas que estruturam a percepção dos órgãos sexuais e, mais ainda, da atividade sexual se aplicam também ao próprio corpo, masculino ou feminino, que tem seu alto e seu baixo — sendo a fronteira delimitada pela *cintura*, signo de clausura (aquela que mantém sua cintura *fechada*, que não a *desamarra*, é considerada virtuosa, casta) e limite simbólico, pelo menos para a mulher, entre o puro e o impuro.

A cintura é um dos signos de *fechamento* do corpo feminino, braços cruzados sobre o peito, pernas fechadas, vestes amarradas, que, como inúmeros analistas apontaram, ainda hoje se impõe às mulheres nas sociedades euro-americanas.[21] Ela simboliza a barreira sagrada que protege a vagina, socialmente constituída em objeto sagrado, e, portanto, submetido, como o demonstra a análise durkheimiana, a regras estritas de esquivança ou de acesso, que determinam muito rigorosamente as condições do contato consagrado, isto é, os agentes, momentos e atos legítimos ou, pelo contrário, profanadores. Tais regras, particularmente visíveis

Boston, Beacon Press, 1993), que mostra como os naturalistas "atribuíam às fêmeas dos animais o pudor [*modesty*] que esperavam encontrar em suas esposas e filhas" (p. 78); ou como, ao final de sua pesquisa sobre o hímen, concluíam que "apenas as mulheres foram providencialmente agraciadas [*and blessed with*] com um hímen", "guardião de sua castidade", "vestíbulo de seu santuário" (pp. 93-94), e que a barba, muitas vezes associada à honra masculina, diferencia os homens das mulheres, menos nobres (p. 115), e de outras "raças".

21 Cf. por exemplo N. M. Henley, *Body Politics, Power, Sex and Non-verbal Communication*, Englewood Cliffs (N. J.), Prentice Hall, 1977, especialmente pp. 89 e seg.

nos ritos matrimoniais, podem também ser observadas, até nos Estados Unidos de hoje, nas situações em que um médico do sexo masculino tem que praticar o exame vaginal. Como se para neutralizar simbólica e praticamente todas as conotações potencialmente sexuais do exame ginecológico, o médico se submete a um verdadeiro ritual visando a manter a barreira, simbolizada pela cintura, entre a pessoa pública e a vagina, jamais vistas simultaneamente: em um primeiro momento, ele se dirige a uma pessoa, face a face; a seguir, após a pessoa ter se despido para ser examinada, em presença de uma enfermeira, ele a examina, deitada e recoberta por um lençol que lhe cobre a parte superior do corpo, observando a vagina como algo dissociado da pessoa e, por tal, reduzida à condição de coisa, em presença da enfermeira, a quem ele faz suas observações, falando da paciente em terceira pessoa; enfim, em um terceiro momento, ele se dirige novamente à mulher, que já se vestiu de novo fora de seus olhares.[22] É, evidentemente, porque a vagina continua sendo constituída como fetiche e tratada como sagrada, segredo e tabu, e porque o comércio do sexo continua a ser estigmatizado, tanto na consciência comum quanto no Direito, os quais literalmente excluem que as mulheres possam escolher dedicar-se à prostituição como a

22 J. M. Henslin, M. A. Biggs, "The Sociology of the Vaginal Examination", em J. M. Henslin (ed.), *Down to Earth Sociology*, New York-Oxford, The Free Press, pp. 235-247.

um trabalho.[23] Ao fazer intervir o dinheiro, certo erotismo masculino associa a busca do gozo ao exercício brutal do poder sobre os corpos reduzidos ao estado de objetos e ao sacrilégio que consiste em transgredir a lei segundo a qual o corpo (como o sangue) não pode ser senão doado, em um ato de oferta inteiramente gratuito, que supõe a suspensão da violência.[24]

O corpo tem sua frente, *lugar da diferença sexual*, e suas costas, sexualmente indiferenciadas e potencialmente femininas, ou seja, algo passivo, submisso, como nos fazem lembrar, pelo gesto ou pela palavra, os insultos mediterrâneos contra a homossexualidade (sobretudo o famoso "*bras d'honneur*" — "dar uma banana");[25] tem suas partes *públicas*, face, fronte, olhos, bigode, boca, *órgãos nobres da apresentação*, nos quais se condensa a identidade social,

---

23 A lei americana proíbe "viver de ganhos imorais", o que significa que só a livre doação do sexo é legítima e que o amor venal é o sacrilégio por excelência, por ser o comércio com que o corpo tem de mais sagrado (cf. G. Pheterson, "The Whore Stigma, Female Dishonor and Male Unworthiness", *Social Text*, 37, 1993, pp. 39-64).

24 "O dinheiro é parte integrante do modo representativo da perversão. Como a fantasia perversa é em si ininteligível e incomunicável, o numerário, por seu caráter abstrato, constitui seu equivalente universalmente inteligível" (P. Klossowski, *Sade et Fourier*, Paris, Fata Morgana, 1974, pp. 59-60). "Com esta espécie de desafio, Sade prova exatamente que a noção de valor e de preço está inscrita no fundo mesmo da emoção voluptuosa e que nada é mais contrário ao gozo que a gratuidade." (P. Klossowski, *La Révocation de l'édit de Nantes*, Paris, Éditions de Minuit, 1959, p. 102.)

25 Não há insulto pior que as palavras que designam o homem "possuído", "fodido" (*maniuk*, *qawad*).

o ponto de honra, o *nif*, que obriga a enfrentar ou a olhar os outros de frente, e suas partes *privadas*, escondidas ou vergonhosas, que a honra manda dissimular. É igualmente através da divisão sexual dos usos legítimos do corpo que se estabelece o vínculo (enunciado pela psicanálise) entre o falo e o *lógos*: os usos públicos e ativos da parte alta, masculina, do corpo — fazer frente a, enfrentar, frente a frente (*qabel*), olhar no rosto, nos olhos, tomar a palavra *publicamente* — são monopólio dos homens; a mulher, que, na Cabília, mantém-se afastada dos lugares públicos, deve de algum modo renunciar a fazer uso público do próprio rosto e de sua palavra (ela anda em público com os olhos baixos, voltados para os pés, e a única expressão que lhe convém é "eu não sei", antítese da palavra viril, que é afirmação decisiva, cortante, ao mesmo tempo que refletida e calculada).[26]

Embora possa ser visto como a matriz original a partir da qual são engendradas todas as formas de união dos dois princípios opostos — arado e sulco, céu e terra, fogo e água etc. —, o próprio ato sexual é pensado em função do princípio do primado da masculinidade. A oposição entre os sexos se inscreve na série de oposições mítico-rituais: alto/baixo, em

---

26 Segundo a lógica habitual, que é a do preconceito desfavorável, a representação masculina pode condenar as capacidades ou as incapacidades femininas que ela exige, ou que ela mesma contribui para produzir: observa-se, assim, que "o mercado das mulheres não para" — elas são faladeiras e, sobretudo, podem ficar sete dias e sete noites discutindo sem se decidir; ou que, para demonstrar sua concordância, as mulheres devem dizer duas vezes sim.

cima/embaixo, seco/úmido, quente/frio (do homem desejante se diz: "seu *kanoun* está vermelho", "sua panela está pegando fogo", "seu tambor está quente"; das mulheres se diz que elas têm a capacidade de "apagar o fogo", "refrescar", "dar de beber"), ativo/passivo, móvel/imóvel (o ato sexual é comparado à mó do moinho, com sua parte superior, móvel, e sua parte inferior, imóvel, fixada à terra, ou à relação entre a vassoura, que vai e vem, e a casa).[27] Resulta daí que a posição considerada normal é, logicamente, aquela em que o homem "fica por cima". Assim como a vagina deve, sem dúvida, seu caráter funesto, maléfico, ao fato de que não só é vista como vazia, mas também como *o inverso*, o negativo do falo. A posição amorosa na qual a mulher se põe por sobre o homem é também explicitamente condenada em inúmeras civilizações.[28] E a tradição cabila, embora seja pouco pródiga em discursos justificativos, apela para uma espécie de mito de origem para legitimar as posições atribuídas aos dois sexos na divisão do trabalho e, em decorrência da divisão sexual do trabalho de produção e reprodução, em toda a ordem social, e, ultrapassando-a, na ordem cósmica.

"Foi na fonte (*tala*) que o primeiro homem encontrou a primeira mulher. Ela estava apanhando água quando o homem, arrogante, aproximou-se e pediu de beber. Mas ela havia chegado primeiro e também estava com sede.

---

27 Cf. T. Yacine-Titouh, "Anthropologie de la peur", *loc. cit.*

28 Segundo Charles Malamoud, o sânscrito usa para qualificá-la a palavra *Viparita*, "invertido", empregada também para designar o mundo ao contrário, o sentido de cima para baixo.

Descontente, o homem a empurrou. Ela deu um passo em falso e caiu por terra. Então, o homem viu as coxas da mulher, que eram diferentes das suas. E ficou paralisado de espanto. A mulher, mais astuciosa, ensinou-lhe muitas coisas: 'Deita-te, disse ela, e eu te direi para que servem teus órgãos.' Ele se estendeu por terra. Ela acariciou seu pênis, que se tornou duas vezes maior, e deitou-se sobre ele. O homem experimentou um prazer enorme. Ele passou a seguir a mulher por toda parte, para voltar a fazer o mesmo, pois ela sabia mais coisas que ele, como acender o fogo etc. Um dia, o homem disse à mulher: 'Eu quero te mostrar que eu também sei fazer coisas. Estende-te, e eu me deitarei sobre ti.' A mulher se deitou por terra, e o homem se pôs sobre ela. E ele sentiu o mesmo prazer. E disse então à mulher: 'Na fonte, és tu (quem dominas); na casa, sou eu.' No espírito do homem são sempre estes últimos propósitos que contam, e desde então os homens gostam sempre de montar sobre as mulheres. Foi assim que eles se tornaram os primeiros e são eles que devem governar."[29]

A intenção da sociodiceia se afirma aqui sem subterfúgios: o mito fundador institui, na origem mesma da cultura entendida como ordem social dominada pelo princípio masculino, a oposição constituinte (já infiltrada, de fato, através, por exemplo, da oposição entre a fonte e a casa, nos dados que servem para justificá-la) entre a natureza e a cultura, entre a "sexualidade" da natureza e a "sexualidade" da

29 Cf. T. Yacine-Titouh, "Anthropologie de la peur", *loc. cit.*

cultura: ao ato anômico, realizado na fonte, lugar feminino por excelência, e à iniciativa da mulher, iniciadora perversa, naturalmente instruída nas coisas do amor, opõe-se o ato submetido ao *nomos*, doméstico e domesticado, executado por exigência do homem e em conformidade a ordem das coisas, a hierarquia fundamental da ordem social e da ordem cósmica, e realizado na casa, lugar da natureza cultivada, da dominação legítima do princípio masculino sobre o princípio feminino, simbolizada na supremacia da viga mestra (*asalas alemmas*) sobre o pilar central vertical (*thigejdith*), forquilha feminina aberta para o céu.

Mas, em cima ou embaixo, ativo ou passivo, essas alternativas paralelas descrevem o ato sexual como uma relação de dominação. De modo geral, possuir sexualmente, como em francês *baiser* ou em inglês *to fuck*, é dominar no sentido de submeter a seu poder, mas significa também enganar, abusar ou, como nós dizemos, "possuir" (ao passo que resistir à sedução é não se deixar enganar, não "se deixar possuir"). As manifestações (legítimas ou ilegítimas) da virilidade se situam na lógica da proeza, da exploração, do que traz honra. E, embora a extrema gravidade de qualquer transgressão sexual proíba de expressá-la abertamente, o desafio indireto à integridade masculina dos outros homens, que encerra toda afirmação viril, contém o princípio da visão agonística da sexualidade masculina, que se declara mais provavelmente em outras regiões da área mediterrânea e além.

Uma sociologia política do ato sexual faria ver que, como sempre se dá em uma relação de dominação, as práticas e as representações dos dois sexos não são, de maneira alguma, simétricas. Não só porque as moças e os rapazes têm, até mesmo nas sociedades euro-americanas de hoje, pontos de vista muito diferentes sobre a relação amorosa, na maior parte das vezes pensada pelos homens com a lógica da conquista (sobretudo nas conversas entre amigos, que dão bastante espaço a um contar vantagens a respeito das conquistas sobre as mulheres),[30] mas também porque o ato sexual em si é concebido pelos homens como uma forma de dominação, de apropriação, de "posse". Daí a distância entre as expectativas prováveis dos homens e das mulheres em matéria de sexualidade — e os mal-entendidos que deles resultam, ligados a más interpretações de "sinais", às vezes deliberadamente ambíguos ou enganadores. À diferença das mulheres, que estão socialmente preparadas para viver a sexualidade como uma experiência íntima e fortemente carregada de afetividade, que não inclui necessariamente a penetração, mas que pode incluir um amplo leque de atividades (falar, tocar, acariciar, abraçar etc.),[31] os rapazes tendem a "compartimentar" a sexualidade, concebida como

---

30 Cf. B. Ehrenreich, *The Hearts of Men, American Dreams and the Flight from Commitment,* Doubleday Anchor, Garden City, Nova York, 1983; E. Anderson, *Streetwise: Race, Class and Change in an Urban Community,* Chicago, Chicago University Press, 1990.

31 M. Baca-Zinn, S. Eitzen, *Diversity in American Families,* Nova York, Harper and Row, 1990, pp. 249-254; L. Rubin, *Intimate Strangers,* Nova York, Basic, 1983.

um ato agressivo, e sobretudo físico, de conquista orientada para a penetração e o orgasmo.[32] Embora neste ponto, como em todos os outros, as variações sejam evidentemente consideráveis segundo a posição social,[33] a idade — e as experiências anteriores —, pode-se inferir, por uma série de entrevistas, que práticas aparentemente simétricas (como a felação e o *cunnilingus*) tendem a revestir-se de significações muito diversas para os homens (que tendem a ver nelas atos de domínio, pela submissão ou o gozo obtidos) e para as mulheres. O gozo masculino é, por um lado, gozo do gozo feminino, do poder de fazer gozar: assim Catharine MacKinnon sem dúvida tem razão de ver na "simulação do orgasmo" (*faking orgasm*) uma comprovação exemplar do poder masculino de fazer com que a interação entre os sexos ocorra de acordo com a visão dos homens, que esperam do orgasmo feminino uma prova da virilidade deles e do gozo garantido por essa forma suprema da submissão.[34] Do mesmo modo, o assédio sexual nem sempre tem por fim exclusivamente a posse sexual que ele parece perseguir: o que acontece é que ele visa, com a posse, a nada mais que a simples afirmação da dominação em estado puro.[35]

---

32 D. Russell, *The Politics of Rape*, Nova York, Stein and Day, 1975, p. 272; D. Russell, *Sexual Exploitation*, Beverly Hills, Sage, 1984, p. 162.

33 Embora, por razões da exposição, eu tenha sido levado a falar de mulheres ou de homens sem fazer referência a sua posição social, tenho consciência de que seria necessário levar em conta, em cada caso, como farei repetidamente na sequência deste livro, as especificações que o princípio de diferenciação social impõe ao princípio da diferenciação sexual (ou vice-versa).

34 C. A. MacKinnon, *Feminism Unmodified, Discourses on Life and Law*, Cambridge (Mass.) e Londres, Harvard University Press, 1987, p. 58.

35 Cf. R. Christin, "La possession", em P. Bourdieu *et al.*, *La Misère du monde*, Paris, Éditions du Seuil, 1993, pp. 383-391.

Se a relação sexual se mostra como uma relação social de dominação, é porque ela está construída através do princípio de divisão fundamental entre o masculino, ativo, e o feminino, passivo, e porque esse princípio cria, organiza, expressa e dirige o desejo — o desejo masculino como desejo de posse, como dominação erotizada, e o desejo feminino como desejo da dominação masculina, como subordinação erotizada, ou mesmo, em última instância, como reconhecimento erotizado da dominação. No caso em que, como se dá nas relações homossexuais, a reciprocidade é possível, os laços entre a sexualidade e o poder se desvelam de maneira particularmente clara, e as posições e os papéis assumidos nas relações sexuais, ativos ou passivos principalmente, mostram-se indissociáveis das relações entre as condições sociais que determinam, ao mesmo tempo, sua possibilidade e sua significação. A penetração, sobretudo quando se exerce sobre um homem, é uma das afirmações da *libido dominandi* que jamais está de todo ausente na libido masculina. Sabe-se que, em inúmeras sociedades, a posse homossexual é vista como uma manifestação de "potência", um ato de dominação (exercido como tal, em certos casos, para afirmar a superioridade "feminizando" o outro), e que é a este título que, entre os gregos, ela leva aquele que a sofre à desonra e à perda do estatuto de homem íntegro e de cidadão;[36] ao passo que, para um cidadão

36 Cf., por exemplo, K. J. Dover, *Homosexualité grecque*, Paris, La Pensée sauvage, 1982, pp. 130 e seg.

romano, a homossexualidade "passiva" com um escravo é considerada algo "monstruoso".[37] Do mesmo modo, segundo John Boswell, "penetração e poder estavam entre as inúmeras prerrogativas da elite dirigente masculina; ceder à penetração era uma abrogação simbólica do poder e da autoridade".[38] Compreende-se que, sob esse ponto de vista, que liga sexualidade a poder, a pior humilhação, para um homem, consiste em ser transformado em mulher. E poderíamos lembrar aqui os testemunhos de homens a quem torturas foram deliberadamente infringidas no sentido de *feminilizá-los*, sobretudo pela humilhação sexual, com deboches a respeito de sua virilidade, acusações de homossexualidade ou, simplesmente, a necessidade de se conduzir com eles como se fossem mulheres, fazendo descobrir "o que significa o fato de estar sem cessar consciente de seu corpo, de estar sempre exposto à humilhação ou ao ridículo e de encontrar um reconforto nas tarefas domésticas ou na conversa fiada com os amigos".[39]

---

37 P. Veyne, "L'homosexualité à Rome", *Communications*, 35, 1982, pp. 26-32.

38 J. Boswell, "Sexual and Ethical Categories in Premodern Europe", em P. McWhirter, S. Sanders, J. Reinisch, *Homosexuality/Heterosexuality: Concepts of Sexual Orientation*, Nova York, Oxford University Press, 1990.

39 Cf. J. Franco, "Gender, Death and Resistance, Facing the Ethical Vacuum", em J. E. Corradi, P. Weiss Fagen, M. A. Garreton, *Fear at the Edge, State Terror and Resistance in Latin America*, Berkeley, University of California Press, 1992.

Embora a ideia de que a definição social do corpo, e especialmente dos órgãos sexuais, é produto de um trabalho social de construção se tenha banalizado de todo por ter sido defendida por toda a tradição antropológica, o mecanismo de inversão da relação entre causas e efeitos, que eu tento aqui demonstrar, e pelo qual se efetua a naturalização desta construção social, não foi, a meu ver, totalmente descrito. O paradoxo está no fato de que são as diferenças visíveis entre o corpo feminino e o corpo masculino que, sendo percebidas e construídas segundo os esquemas práticos da visão androcêntrica, tornam-se o penhor mais perfeitamente indiscutível de significações e valores que estão de acordo com os princípios desta visão: não é o falo (ou a falta de) que é o fundamento dessa visão de mundo, e sim é essa visão de mundo que, estando organizada segundo a divisão em *gêneros relacionais,* masculino e feminino, pode instituir o falo, constituído em símbolo da virilidade, do ponto de honra (*nif*) caracteristicamente masculino, e instituir a diferença entre os corpos biológicos em fundamentos objetivos da diferença entre os sexos, no sentido de gêneros construídos como duas essências sociais hierarquizadas. Longe de as necessidades da reprodução biológica determinarem a organização simbólica da divisão sexual do trabalho e, progressivamente, de toda a ordem natural e sexual, é uma construção arbitrária do biológico, e particularmente do corpo, masculino e feminino, de seus usos e de suas funções, sobretudo na reprodução biológica, que dá um fundamento aparentemente natural à visão androcêntrica da divisão de trabalho sexual e da divisão sexual do trabalho e, a partir daí, de todo o cosmos. A força particular da sociodiceia masculina lhe vem do fato de ela acumular e condensar duas operações: *ela legitima uma relação de dominação inscrevendo-a em uma natureza biológica que é, por sua vez, ela própria, uma construção social naturalizada.*

O trabalho de construção simbólica não se reduz a uma operação estritamente *performativa* de nominação que oriente e estruture as *representações,* a começar pelas representações do corpo (o que ainda não é nada); ele se completa e se realiza em uma transformação profunda e duradoura dos corpos (e dos cérebros), isto é, em um trabalho e por um trabalho de construção prática, que impõe uma *definição diferencial* dos usos legítimos do corpo, sobretudo os sexuais, e tende a excluir do universo do pensável e do factível tudo que caracteriza pertencer ao outro gênero — e em particular todas as virtualidades biologicamente inscritas no "perverso polimorfo" que, se dermos crédito a Freud, toda criança é — para produzir este artefato social que é um homem viril ou uma mulher feminina. O *nomos* arbitrário que institui as duas classes na objetividade não reveste as aparências de uma lei da natureza (fala-se comumente de sexualidade ou, hoje em dia mesmo, de casamento "contra a natureza") senão ao término de uma *somatização das relações sociais de dominação:* é à custa, e ao final, de um extraordinário trabalho coletivo de socialização difusa e contínua que as identidades distintivas que a arbitrariedade cultural institui se encarnam em *habitus* claramente diferenciados conforme o princípio de divisão dominante e capazes de perceber o mundo segundo este princípio.

Tendo apenas uma existência *relacional*, cada um dos dois gêneros é produto do trabalho de construção diacrítica, ao mesmo tempo teórica e prática, que é necessário à sua produção como *corpo socialmente diferenciado* do gênero oposto (sob todos os pontos de vista culturalmente pertinentes), isto é, como *habitus* viril, e portanto não feminino, ou feminino, e portanto não masculino. A ação de formação, de *Bildung*, no sentido amplo do termo, que opera esta construção social do corpo não assume senão muito parcialmente a forma de uma ação pedagógica explícita e expressa. Ela é, em sua maior parte, o efeito automático, e sem agente, de uma ordem física e social inteiramente organizada segundo o princípio de divisão androcêntrico (o que explica a enorme pressão que ela exerce). Inscrita nas coisas, a ordem masculina se inscreve também nos corpos através de injunções tácitas, implícitas nas rotinas da divisão do trabalho ou dos rituais coletivos ou privados (basta lembrarmos, por exemplo, as condutas de marginalização impostas às mulheres com sua exclusão dos lugares masculinos). As regularidades da ordem física e da ordem social impõem e inculcam as medidas que excluem as mulheres das tarefas mais nobres (conduzir a charrua, por exemplo), assinalando-lhes lugares inferiores (a parte baixa da estrada ou do talude), ensinando-lhes a postura correta do corpo (por exemplo, curvadas, com os braços fechados sobre o peito, diante de homens respeitáveis), atribuindo-lhes tarefas penosas, baixas e mesquinhas (são elas que carregam o estrume, e, na colheita das azeitonas, são elas que as juntam no chão, com as crianças, enquanto os homens manejam a vara para fazê-las cair das árvores), enfim, em geral tirando partido, no sentido dos pressupostos fundamentais, das diferenças biológicas que parecem assim estar à base das diferenças sociais.

Na longa sequência de chamadas mudas à ordem, os ritos de instituição ocupam um lugar à parte, em virtude de seu caráter solene e extraordinário: eles visam a instaurar, em nome e em presença de toda a coletividade para tal mobilizada, uma separação sacralizante, não só como faz crer a noção de rito de passagem, entre os que *já* receberam a *marca distintiva* e os que *ainda não* a receberam, por serem ainda muito jovens, como também, e sobretudo, entre os que são socialmente dignos de recebê-la e as que dela estão *definitivamente excluídas,* isto é, as mulheres.[40] Ou, como

---

40 À contribuição que os ritos de instituição dão à instituição da virilidade nos corpos masculinos, teríamos que acrescentar todos os jogos infantis, sobretudo aqueles que têm conotação sexual mais ou menos evidente (como o que consiste em "mijar" o mais longe possível ou os jogos homossexuais dos pequenos pastores) e que, em sua aparente insignificância, estão sobrecarregados de conotações éticas, muitas vezes inscritas na linguagem (por exemplo, *picheprim,* o que tem "mijada fraca", significa, em bearnês, avaro, pouco generoso). Quanto às razões que me levaram a substituir por *rito de instituição* (expressão que deve ser compreendida ao mesmo tempo no sentido daquilo que está institucionalizado — a instituição do casamento — e do ato institutor — a instituição de um herdeiro) a noção de *rito de passagem,* que sem dúvida deveu seu imediato sucesso ao fato de que ela não é mais que uma pré-noção do senso comum convertida em conceito de feição erudita, ver P. Bourdieu, "Les rites d'institution" (em *Ce que parter veut dire,* Paris, Fayard, 1982, pp. 121-134).

no caso da circuncisão, rito por excelência de instituição da masculinidade, entre aqueles cuja virilidade ele consagra ao prepará-los simbolicamente para exercê-la, e aquelas que não estão em condições de ter tal iniciação, e que não podem deixar de se sentir privadas daquilo que a ocasião e o suporte do ritual de confirmação da virilidade representam.

Assim, o que o discurso mítico professa de maneira, apesar de tudo, bastante ingênua, os ritos de instituição realizam da forma mais insidiosa, sem dúvida, porém mais eficaz simbolicamente. Eles se inscrevem na série de operações de *diferenciação* visando a destacar em cada agente, homem ou mulher, os signos exteriores mais imediatamente conformes à definição social de sua *distinção* sexual, ou a estimular as práticas que convêm a seu sexo, proibindo ou desencorajando as condutas impróprias, sobretudo na relação com o outro sexo. É, por exemplo, o caso dos ritos ditos "de separação", que têm por função emancipar um menino com relação à sua mãe e garantir sua progressiva masculinização, incitando-o e preparando-o para enfrentar o mundo exterior. A pesquisa antropológica descobre, realmente, que o trabalho psicológico que, segundo certa tradição psicanalítica,[41] os meninos têm que realizar para cortar a quase-simbiose original com a mãe e afirmar uma identidade sexual própria é expresso e explicitamente acompanhado, ou mesmo organizado, pelo

41 Cf. principalmente N. J. Chodorow, *The Reproduction of Mothering: Psychoanalysis and the Sociology of Gender*, Berkeley, University of California Press, 1978.

grupo que, em toda uma série de ritos de instituição sexuais orientados no sentido da virilização e, mais amplamente, em todas as práticas diferenciadas e diferenciadoras da existência diária (esportes e jogos viris, caça etc.), encoraja a ruptura com o mundo materno; ruptura da qual as filhas (bem como, para sua infelicidade, os "filhos de viúva") estão isentos — o que lhes permite viver em uma espécie de continuidade com a mãe.[42]

A "intenção" objetiva de negar a parte feminina do masculino (esta mesma que Melanie Klein pedia à psicanálise para resgatar, por uma operação inversa à que realiza o ritual), de abolir os laços e os vínculos com a mãe, com a terra, com a umidade, com a noite, com a natureza, manifesta-se, por exemplo, nos ritos que se realizam no momento denominado "a separação *en ennayer*" (*el âazla gennayer*), como o primeiro corte de cabelos do menino, e em todas as cerimônias que marcam a ultrapassagem do *limiar* do mundo masculino e que terão seu coroamento na circuncisão. Seria infindável a enumeração dos atos que visam a separar o menino de sua mãe — pondo em ação objetos fabricados pelo fogo e adequados a simbolizar o *corte* (e a sexualidade viril): faca, punhal, relho etc. Assim, depois do

42 Em oposição aos que são chamados por vezes na Cabília de "filhos dos homens", cuja educação compete a vários homens, os "filhos de viúva" são vistos com suspeita por terem escapado ao trabalho ininterrupto que é necessário para evitar que os meninos se tornem mulheres e por terem sido abandonados à ação feminilizante da própria mãe.

nascimento, a criança é colocada à direita (lado masculino) de sua mãe, que está por sua vez deitada do lado direito, e colocam-se entre eles objetos tipicamente masculinos, tais como um pente de cardar lã, uma grande faca, um relho, uma das pedras da casa. Daí a importância do primeiro corte de cabelos, que está, igualmente, ligado ao fato de que a cabeleira, feminina, é um dos elos simbólicos que unem o menino ao mundo materno. É ao pai que incumbe dar este corte inaugural, com a navalha, instrumento masculino, no dia da "separação *en ennayer*" e pouco antes da primeira entrada no mercado, isto é, em uma idade situada entre os seis e os dez anos. E o trabalho de virilização (ou de desfeminização) prossegue por ocasião desta introdução no mundo dos homens, do ponto de honra (*nif*) e das lutas simbólicas que é a primeira entrada no mercado: a criança, em trajes novos e com a cabeça enfeitada com um turbante de seda, recebe uma espada, um cadeado e um espelho, enquanto sua mãe depõe um ovo fresco no capuz de seu capote. Na porta do mercado, ele quebra o ovo e abre o cadeado, atos viris de defloração, e se olha no espelho, que, tal como o limiar, é um operador de inversão. Seu pai o guia no mercado, mundo exclusivamente masculino, apresentando-o aos outros homens. Na volta, eles compram uma cabeça de boi, símbolo fálico — por seus cornos — associado ao *nif*.

O mesmo trabalho psicossomático que, aplicado aos meninos, visa a virilizá-los, despojando-os de tudo aquilo que poderia neles restar de feminino — como no caso do "filho de viúva" — assume, no caso das meninas, uma forma mais radical: a mulher estando constituída como uma entidade negativa, definida apenas por falta, suas virtudes mesmas só podem se afirmar em uma dupla negação, como vício negado ou superado, ou como mal menor. Todo o trabalho de socialização tende, por conseguinte, a impor-lhe limites, todos eles referentes ao corpo, definido para tal como sagrado, *h'aram*, e todos eles devendo ser inscritos nas disposições corporais. É assim que a jovem cabila interiorizava os princípios fundamentais da arte de viver feminina, da boa conduta, inseparavelmente corporal e moral, aprendendo a vestir e usar as diferentes vestimentas que correspondem a seus diferentes estados sucessivos, menina, virgem núbil, esposa, mãe de família, e, adquirindo insensivelmente, tanto por mimetismo inconsciente quanto por obediência expressa, a maneira correta de amarrar sua cintura ou seus cabelos, de mover ou manter imóvel tal ou qual parte de seu corpo ao caminhar, de mostrar o rosto e de dirigir o olhar.

Essa aprendizagem é ainda mais eficaz por se manter, no essencial, tácita: a moral feminina se impõe, sobretudo, através de uma disciplina incessante, relativa a todas as partes do corpo, e que se faz lembrar e se exerce continuamente através da coação quanto aos trajes ou aos penteados. Os princípios antagônicos da identidade masculina e da identidade feminina se inscrevem, assim, sob a forma de maneiras permanentes de se servir do corpo, ou de manter a postura, que são como que a realização, ou melhor, a naturalização de uma ética. Assim como a moral da honra masculina pode ser resumida em uma palavra, cem vezes repetida pelos informantes, *qabel,* enfrentar, olhar de frente e com a postura ereta (que corresponde à de um militar perfilado entre nós), prova da retidão que ele faz ver,[43] do mesmo modo a submissão feminina parece encontrar sua tradução natural no fato de se inclinar, abaixar-se, curvar-se, de se submeter (o contrário de "pôr-se acima de"), nas posturas curvas, flexíveis, e na docilidade correlativa que se julga convir à mulher. A educação elementar tende a inculcar maneiras de postar todo o corpo, ou tal ou qual de suas partes (a mão direita, masculina, ou a mão esquerda, feminina), a maneira de andar, de erguer a cabeça ou os olhos, de olhar de frente, nos olhos, ou, pelo contrário, abaixá-los para os pés etc., maneiras que estão prenhes de uma ética, de uma política e de uma cosmologia (toda a nossa ética, sem falar em nossa estética, assenta-se no sistema dos adjetivos cardeais, alto/baixo, direito/torto, rígido/flexível, aberto/fechado, uma boa parte dos quais designa também posições ou disposições do corpo ou de alguma de suas partes — *e.g.* a "fronte alta" ou a "cabeça baixa").

A postura submissa que se impõe às mulheres cabilas representa o limite máximo da que até hoje se impõe às mulheres, tanto nos Estados Unidos quanto na Europa, e que,

43 Sobre o termo *qabel,* que está ele próprio ligado às orientações básicas do espaço e de toda a visão de mundo, cf. P. Bourdieu, *Le Sens pratique, op. cit.,* p. 151.

como inúmeros observadores já demonstraram, revela-se em alguns imperativos: sorrir, baixar os olhos, aceitar as interrupções etc. Nancy M. Henley mostra como se ensinam mulheres a ocupar o espaço, caminhar e adotar posições corporais convenientes. Frigga Haug também tentou fazer ressurgir (com um método que chamou de *memory work*, visando a resgatar histórias de infância, discutidas e interpretadas coletivamente) os sentimentos relacionados com as diferentes partes do corpo, as costas a serem mantidas retas, as pernas que não devem ser afastadas, e tantas outras posturas que estão carregadas de uma significação moral (sentar de pernas abertas é vulgar, ter barriga é prova de falta de vontade etc.).[44] Como se a feminilidade se medisse pela arte de "se fazer pequena" (o feminino, em berbere, vem sempre em diminutivo), mantendo as mulheres encerradas em uma espécie de *cerco invisível* (do qual o véu não é mais que a manifestação visível), limitando o território deixado aos movimentos e aos deslocamentos de seu corpo — enquanto os homens ocupam maior lugar com seu corpo, sobretudo em lugares públicos. Essa espécie de

---

44 F. Haug *et al.*, *Female Sexualization. A Collective Work of Memory*, Londres, Verso, 1987. Embora os autores não pareçam estar conscientes disso, essa aprendizagem da submissão do corpo, que se dá com a cumplicidade das mulheres, apesar da obrigatoriedade que lhes impõe, é fortemente marcada socialmente, e a incorporação da feminilidade é inseparável de uma *incorporação da distinção*, ou melhor, do menosprezo pela vulgaridade atribuída aos decotes muito ousados, às minissaias demasiado curtas e às maquiagens muito carregadas (mas na maior parte das vezes vistas como muito "femininas"...).

confinamento simbólico é praticamente assegurada por suas roupas (o que é algo mais evidente ainda em épocas mais antigas) e tem por efeito não só dissimular o corpo, chamá-lo continuamente à ordem (tendo a saia uma função semelhante à sotaina dos padres) sem precisar de nada para prescrever ou proibir explicitamente ("minha mãe nunca me disse para não ficar de pernas abertas"): ora com algo que limita de certo modo os movimentos, como os saltos altos ou a bolsa que ocupa permanentemente as mãos, e sobretudo a saia que impede ou desencoraja alguns tipos de atividades (a corrida, algumas formas de se sentar etc.); ora só as permitindo à custa de precauções constantes, como no caso das jovens que puxam seguidamente para baixo uma saia demasiado curta, ou se esforçam por cobrir com o antebraço uma blusa excessivamente decotada, ou têm que fazer verdadeiras acrobacias para apanhar no chão um objeto mantendo as pernas fechadas.[45] Essas maneiras de usar o corpo, profundamente associadas à atitude moral e à contenção que convêm às mulheres, continuam a lhes ser impostas, como que à sua revelia, mesmo quando deixaram de lhes ser impostas pela roupa (como o andar com passinhos rápidos de algumas jovens de calças compridas e sapatos baixos). E as poses ou as posturas mais relaxadas, como o fato de se balançarem na cadeira, ou de porem os

45 Cf. N. M. Henley, *op. cit.*, pp. 38, 89-91 e também pp. 142-144: a reprodução de um *cartum* intitulado "Exercícios para Homens", que mostra "o absurdo das posturas" que se julgam convir às mulheres.

pés sobre a mesa, que são por vezes vistas nos homens — do mais alto escalão — como forma de demonstração de poder, ou, o que dá no mesmo, de afirmação, são, para sermos exatos, impensáveis para uma mulher.[46]

Aos que objetariam que inúmeras mulheres romperam atualmente com as normas e formas tradicionais daquela contenção, apontando sua atual exibição controlada do corpo como um sinal de "liberação", basta mostrar que este uso do próprio corpo continua, de forma bastante evidente, subordinado ao ponto de vista masculino (como bem se vê no uso que a publicidade faz da mulher, ainda hoje, na França, após meio século de feminismo): o corpo feminino, ao mesmo tempo oferecido e recusado, manifesta a disponibilidade simbólica que, como demonstraram inúmeros trabalhos feministas, convém à mulher, e que combina um poder de atração e de sedução conhecido e reconhecido por todos (homens ou mulheres) e adequado a honrar os homens de quem ela depende ou aos quais está ligada, com um dever de recusa seletiva que acrescenta ao efeito de "consumo ostentatório" o preço da exclusividade.

---

46 Tudo o que fica em estado implícito na aprendizagem da feminilidade é levado a ser explicado nas "escolas de recepcionistas" e seus cursos de preparação e de boas maneiras, onde, como observou Yvette Delsaut, aprende-se a caminhar, a manter-se de pé (com as mãos atrás das costas, os pés paralelos), a sorrir, a subir e descer uma escada (sem olhar para os pés), a sentar-se à mesa (a recepcionista tem que fazer com que tudo saia correto, sem que se perceba), a tratar os hóspedes/clientes ("mostrar-se amável", "responder gentilmente"), a ter "compostura", no duplo sentido, de saber portar-se e da maneira de se vestir ("sem cores berrantes, demasiado fortes ou agressivas") e de se maquiar.

As divisões constitutivas da ordem social e, mais precisamente, as relações sociais de dominação e de exploração que estão instituídas entre os gêneros se inscrevem, assim, progressivamente, em duas classes de *habitus* diferentes, sob a forma de *hexis* corporais opostos e complementares e de princípios de visão e de divisão, que levam a classificar todas as coisas do mundo e todas as práticas segundo distinções redutíveis à oposição entre o masculino e o feminino. Cabe aos homens, situados do lado do exterior, do oficial, do público, do direito, do seco, do alto, do descontínuo, realizarem todos os atos ao mesmo tempo breves, perigosos e espetaculares, como matar o boi, a lavoura ou a colheita, sem falar do homicídio e da guerra, que marcam rupturas no curso ordinário da vida. Às mulheres, pelo contrário, estando situadas do lado do úmido, do baixo, do curvo e do contínuo, são atribuídos todos os trabalhos domésticos, ou seja, privados e escondidos, ou até mesmo invisíveis e vergonhosos, como o cuidado das crianças e dos animais, bem como todos os trabalhos exteriores que lhes são destinados pela razão mítica, isto é, os que levam a lidar com a água, a erva, o verde (como arrancar as ervas daninhas ou fazer a jardinagem), com o leite, com a madeira e, sobretudo, os mais sujos, os mais monótonos e mais humildes. Pelo fato de o mundo limitado em que elas estão confinadas, o espaço do vilarejo, a casa, a linguagem, os utensílios, guardarem os mesmos apelos à ordem silenciosa, as mulheres *não podem senão tornar-se o que elas são* segundo a razão mítica, confirmando assim, e antes de mais nada a seus próprios olhos, que elas estão naturalmente destinadas ao baixo, ao torto, ao pequeno, ao mesquinho, ao fútil etc. Elas estão condenadas a dar, a todo instante, aparência de fundamento natural à identidade minoritária que lhes é socialmente designada: é a elas que cabe a tarefa longa, ingrata e minuciosa de catar, no chão mesmo, as azeitonas ou achas de madeira, que os homens, armados com a vara ou com o machado, deitaram por terra; são elas que, encarregadas das preocupações vulgares da gestão quotidiana da economia doméstica, parecem comprazer-se com as mesquinharias do cálculo, das contas e dos ganhos que o homem de honra deve ignorar. (Eu me lembro que, em minha infância, os homens, vizinhos e amigos, que haviam matado o porco pela manhã, em uma breve exibição, sempre um tanto ostentatória, de violência — gritos do animal fugindo, grandes facões, sangue derramado etc. —, ficavam a tarde toda, e às vezes até o dia seguinte, jogando tranquilamente baralho, interrompidos apenas para erguer algum caldeirão mais pesado, enquanto as mulheres da casa corriam para todos os lados preparando os chouriços, as salsichas, os salsichões e os patês.) Os homens (e as próprias mulheres) não podem senão ignorar que é a lógica da relação de dominação que chega a impor e inculcar nas mulheres, ao mesmo título das virtudes e da moral que lhes impõem, todas as propriedades negativas que a visão dominante atribui à sua *natureza*, como a astúcia ou, para lembrar um traço mais favorável, a intuição.

Forma peculiar da lucidez especial dos dominados, o que chamamos de "intuição feminina" é, em nosso universo mesmo, inseparável da submissão objetiva e subjetiva que estimula, ou obriga, a atenção, e as atenções, a observação e a vigilância necessárias para prever os desejos ou pressentir os desacordos. Muitas pesquisas puseram em evidência a perspicácia peculiar dos dominados, sobretudo das mulheres (e muito especialmente das mulheres dupla ou triplamente dominadas, como as donas de casa negras, de que fala Judith Rollins em *Between Women*): mais sensíveis aos sinais não verbais (sobretudo à inflexão) que os homens, as mulheres sabem identificar melhor uma emoção não representada verbalmente e decifrar o que está implícito em um diálogo;[47] segundo uma pesquisa realizada por dois estudiosos holandeses, elas são capazes de falar de seus maridos dando uma série de detalhes, ao passo que os homens não conseguem descrever suas mulheres senão com estereótipos muito vagos, válidos para "as mulheres em geral".[48] Os mesmos autores sugerem que os homossexuais, tendo necessariamente sido educados como heterossexuais, interiorizaram o ponto de vista dominante e podem assumir este ponto de vista a respeito de si mesmos (o que os inclina a uma espécie de discordância cognitiva e avaliativa

47 Cf. W. N. Thompson, *Quantitative Research in Public Address and Communication*, Nova York, Random House, 1967, pp. 47-48.

48 Cf. A. Van Stolk e C. Wouters, "Power Changes and Self-Respect: Comparison of Two Cases of Established-Outsiders Relations", *Theory, Culture and Society*, 4 (2-3), 1987, pp. 477-488.

capaz de contribuir para sua especial clarividência), bem como compreender o ponto de vista dos dominantes melhor do que eles podem compreender o seu.

Simbolicamente dedicadas à resignação e à discrição, as mulheres só podem exercer algum poder voltando contra o forte sua própria força, ou aceitando se apagar, ou, pelo menos, negar um poder que elas só podem exercer por procuração (como eminências pardas). Mas, segundo a lei enunciada por Lucien Bianco ao falar das resistências camponesas na China, "as armas do fraco são sempre armas fracas".[49] As próprias estratégias simbólicas que as mulheres usam contra os homens, como as da magia, continuam dominadas, pois o conjunto de símbolos e agentes míticos que elas põem em ação, ou os fins que elas buscam (como o amor, ou a impotência, do homem amado ou odiado), têm seu princípio em uma visão androcêntrica em nome da qual elas são dominadas. Insuficientes para subverter realmente a relação de dominação, tais estratégias acabam resultando em confirmação da representação dominante das mulheres como seres maléficos, cuja identidade, inteiramente negativa, é constituída essencialmente de proibições, que acabam gerando igualmente ocasiões de transgressão. É o caso, sobretudo, de todas as formas de violência não declarada, quase invisível por vezes, que as mulheres opõem à violência

---

49 L. Bianco, "Résistance paysanne", *Actuel Marx*, 22, 2º semestre, 1997, pp. 138-152.

física ou simbólica exercida sobre elas pelos homens, e que vão da magia, da astúcia, da mentira ou da passividade (principalmente no ato sexual) ao amor possessivo dos possessos, como o da mãe mediterrânea ou da esposa maternal, que vitimiza e culpabiliza, vitimizando-se e oferecendo a infinitude de sua devoção e de seu sofrimento mudo em doação sem contrapartida possível, ou tornada dívida sem resgate. As mulheres, façam o que fizerem, estão, assim, condenadas a dar provas de sua malignidade e a justificar em troca as proibições e o preconceito que lhes atribui uma essência maléfica — segundo a lógica, obviamente trágica, que quer que a realidade social que produz a dominação venha muitas vezes a confirmar as representações que ela invoca a seu favor, para se exercer e se justificar.

A visão androcêntrica é assim continuamente legitimada pelas próprias práticas que ela determina: pelo fato de suas disposições resultarem da incorporação do *preconceito desfavorável* contra o feminino, instituído na ordem das coisas, as mulheres não podem senão confirmar seguidamente tal preconceito. Essa lógica é a de *maldição,* no sentido profundo de uma *self-fulfilling prophecy* pessimista, que provoca sua própria verificação e faz acontecer o que ela prognostica. Ela está em curso, quotidianamente, em inúmeras trocas entre os sexos: as mesmas disposições que levam os homens a deixarem às mulheres as tarefas inferiores e as providências ingratas e mesquinhas (tais como, em nosso universo, pedir preços, verificar faturas e solicitar um desconto), desembaraçando-se de todas as condutas pouco compatíveis com a ideia que eles têm de sua dignidade, levam-nos igualmente a reprovar a "estreiteza de espírito" delas, ou sua "mesquinharia terra-a-terra", ou até a culpá-las se elas fracassam nos empreendimentos que deixaram a seu cargo — sem no entanto chegar a lhes dar crédito no caso de um sucesso eventual.[50]

A VIOLÊNCIA SIMBÓLICA

A dominação masculina encontra assim reunidas todas as condições de seu pleno exercício. A primazia universalmente concedida aos homens se afirma na objetividade de estruturas sociais e de atividades produtivas e reprodutivas, baseadas em uma divisão sexual do trabalho de produção e de reprodução biológica e social, que confere aos homens a melhor parte, bem como nos esquemas imanentes a todos os *habitus*: moldados por tais condições, portanto objetivamente concordes, eles funcionam como matrizes das percepções, dos pensamentos e das ações de todos os

---

50 As entrevistas e observações que realizamos quando de nossas pesquisas sobre a economia da produção de bens simbólicos nos deram repetidas ocasiões de verificar que essa lógica ainda é atuante hoje em dia e bem próxima a nós (cf. P. Bourdieu, "Un contrat sous contrainte", *Actes de la recherche en sciences sociales*, 81-82, março 1990, pp. 34-51). Embora os homens não possam mais demonstrar sempre o mesmo arrogante desprezo para com as preocupações mesquinhas da economia (salvo, talvez, nos universos culturais), não é raro afirmarem sua altura estatutária, sobretudo quando ocupam posições de autoridade, marcando sua indiferença em relação às questões subalternas de intendência, quase sempre deixadas a cargo das mulheres.

membros da sociedade, como transcendentais históricos que, sendo universalmente partilhados, impõem-se a cada agente como transcendentes. Por conseguinte, a representação androcêntrica da reprodução biológica e da reprodução social se vê investida da objetividade do senso comum, visto como senso prático, dóxico, sobre o sentido das práticas. E as próprias mulheres aplicam a toda a realidade, e, particularmente, às relações de poder em que se veem envolvidas, esquemas de pensamento que são produto da incorporação dessas relações de poder e que se expressam nas oposições fundadoras da ordem simbólica. Por conseguinte, seus atos de conhecimento são, exatamente por isso, atos de reconhecimento prático, de adesão dóxica, crença que não tem que se pensar e se afirmar como tal e que "faz", de certo modo, a violência simbólica que ela sofre.[51]

Embora eu não tenha a menor ilusão quanto a meu poder de dissipar de antemão todos os mal-entendidos, gostaria apenas de prevenir contra os contrassensos mais grosseiros que são comumente cometidos a propósito da noção de violência simbólica, e que têm todos por princípio uma interpretação mais ou menos redutora do adjetivo "simbólico", aqui usado em um sentido que eu considero rigoroso e cujos fundamentos teóricos já expliquei em trabalho an-

51 Os indícios verbais ou não verbais que designam a posição simbolicamente dominante (do homem, do nobre, do chefe etc.) só podem ser compreendidos (tal como as insígnias militares, que se tem que saber ler) pelas pessoas que aprenderam a decifrar seu "código".

terior.[52] Ao tomar "simbólico" em um de seus sentidos mais correntes, supõe-se, por vezes, que enfatizar a violência simbólica é minimizar o papel da violência física e (fazer) esquecer que há mulheres espancadas, violentadas, exploradas, ou, o que é ainda pior, tentar desculpar os homens por essa forma de violência. O que não é, obviamente, o caso. Ao se entender "simbólico" como o oposto de real, de efetivo, a suposição é de que a violência simbólica seria uma violência meramente "espiritual" e, indiscutivelmente, sem efeitos reais. É esta distinção simplista, característica de um materialismo primário, que a teoria materialista da economia de bens simbólicos, em cuja elaboração eu venho há muitos anos trabalhando, visa a destruir, fazendo ver, na teoria, a objetividade da experiência subjetiva das relações de dominação.

Outro mal-entendido: a referência à etnologia, cujas funções heurísticas tentei mostrar aqui, é suspeita de ser um meio de restaurar, sob uma capa científica, o mito do "eterno feminino" (ou masculino) ou, o que é mais grave, de eternizar a estrutura de dominação masculina descrevendo-a como invariável e eterna. Ora, longe de afirmar que as estruturas de dominação são a-históricas, eu tentarei, pelo contrário, comprovar que elas são *produto de um trabalho incessante (e, como tal, histórico) de reprodução*, para o qual contri-

52 Cf. P. Bourdieu, "Sur le pouvoir symbolique", *Annales*, 3, maio-junho 1977, pp. 405-411.

buem agentes específicos (entre os quais os homens, com suas armas como a violência física e a violência simbólica) e instituições, famílias, Igreja, Escola, Estado.

Os dominados aplicam categorias construídas do ponto de vista dos dominantes às relações de dominação, fazendo-as assim serem vistas como naturais. O que pode levar a uma espécie de autodepreciação ou até de autodesprezo sistemáticos, principalmente visíveis, como vimos acima, na representação que as mulheres cabilas fazem de seu sexo como algo deficiente, feio ou até repulsivo (ou, em nosso universo, na visão que inúmeras mulheres têm do próprio corpo, quando não conforme aos cânones estéticos impostos pela moda), e de maneira mais geral, em sua adesão a uma imagem desvalorizadora da mulher.[53] A violência simbólica se institui por intermédio da adesão que o dominado não pode deixar de conceder ao dominante (e, portanto, à dominação) quando ele não dispõe, para pensá-la e para se pensar, ou melhor, para pensar sua relação com ele, de mais que instrumentos de conhecimento que ambos têm em comum e que, não sendo mais que a forma incorporada da relação de dominação, fazem esta relação ser vista como natural; ou, em outros termos, quando os esquemas que ele põe em ação para se

53 É muito frequente, como constatamos no decorrer de entrevistas realizadas na França em 1996, as mulheres expressarem a dificuldade que têm em aceitar o próprio corpo.

ver e se avaliar, ou para ver e avaliar os dominantes (alto/baixo, masculino/feminino, branco/negro etc.), resultam da incorporação de classificações, assim naturalizadas, das quais seu ser social é produto.

Por não poder evocar com sutileza suficiente (seria necessária uma Virginia Woolf para tal) exemplos suficientemente numerosos, bastante diversos e bem gritantes de situações concretas em que esta violência sutil e quase sempre invisível se exerce, limitar-me-ei a observações que, em seu objetivismo, impõem-se de maneira mais indiscutível que a descrição das interações em seus mais mínimos detalhes. Constatou-se, por exemplo, que as mulheres francesas, em sua grande maioria, declaram que elas desejariam ter um cônjuge mais velho e, também, de modo inteiramente coerente, mais alto que elas, dois terços delas chegando a recusar explicitamente um homem mais baixo.[54] Que significa essa recusa de ver desaparecerem os signos correntes da "hierarquia" sexual? "Aceitar uma inversão das aparências", responde Michel Bozon, "é fazer crer que é a mulher que domina, algo que (paradoxalmente) a rebaixa socialmente: ela se sente diminuída com um

54 Seguindo a mesmo lógica, Myra Marx Ferree lembra que o principal obstáculo à divisão do trabalho doméstico reside no fato de que as tarefas domésticas são vistas como algo que não cabe a "homens de verdade" (*unfit for "real men"*) e observa que as mulheres escondem a ajuda que recebem do marido por medo de diminuí-lo (cf. M. Marx Ferree, "Sacrifice, Satisfaction and Social Change: Employment and the Family", em K. Brooklin Sacks e D. Remy [eds.], *My Troubles are Going to Have Trouble with Me*, New Brunswick, [N. J.], Rutgers University Press, 1984, p. 73).

homem diminuído".[55] Portanto, não basta observar que as mulheres concordam em geral com os homens (que, por sua vez, preferem mulheres mais jovens) na aceitação dos signos exteriores de uma posição dominada; elas levam em conta, na representação que se fazem de sua relação com o homem a que sua identidade está (ou será) ligada, a representação que o conjunto dos homens e mulheres serão inevitavelmente levados a fazer dele, aplicando os esquemas de percepção e de avaliação universalmente partilhados (no grupo em questão). Pelo fato de esses princípios comuns exigirem, de maneira tácita e indiscutível, que o homem ocupe, pelo menos aparentemente e com relação ao exterior, a posição dominante no casal, é por ele, pela dignidade que nele reconhecem *a priori* e querem ver universalmente reconhecida, mas também por elas próprias, para sua própria dignidade, que elas só podem querer e amar um homem cuja dignidade esteja claramente afirmada e atestada no fato, e pelo fato, de que "ele as supera" visivelmente. Isto, evidentemente, sem o menor cálculo, através da arbitrariedade aparente de uma tendência que não se discute nem se argumenta, mas que, como o comprova a observação dessas distâncias não só desejadas como também reais, apenas pode nascer e realizar-se na experiência de uma superioridade, cujos signos mais indiscutíveis e mais

---

55 M. Bozon, "Les femmes et l'écart d'âge entre conjoints: une domination consentie", I: "Types d'union et artentes en matière d'écart d'âge", *Population*, 2, 1990, pp. 327-360; II: "Modes d'entrée dans la vie adulte et répresentations du conjoint", *Population*, 3, 1990, pp. 565-602; "Apparence physique et choix du conjoint", *INED, Congrès et colloques*, 7, 1991, pp. 91-110.

reconhecidos por todos são a idade e o tamanho (justificados como índices de maturidade e garantias de segurança).[56]

Para levar a cabo paradoxos que somente uma visão de tais tendências permite compreender, basta notar que as mulheres que se mostram mais submissas ao modelo "tradicional" — e que dizem preferir uma maior diferença de idade — encontram-se sobretudo entre as artesãs, as comerciantes, as camponesas e as operárias, categorias nas quais o casamento continua sendo, para as mulheres, o meio privilegiado de obter uma posição social; como se, sendo resultantes de um ajustamento inconsciente às probabilidades associadas a uma estrutura objetiva de dominação, as predisposições submissas, que se expressam naquelas preferências, produzissem algo semelhante a um cálculo interessado, bem-compreendido. Essas disposições, pelo contrário, tendem a minimizar-se — com efeitos de *hysteresis* que uma análise das variações das práticas não só segundo a posição ocupada, mas também segundo a trajetória, permitiria entrever — à medida que decresce a dependência objetiva, que contribui para produzi-las e mantê-las (a mesma lógica de ajustamento das tendências às oportunidades objetivas explica por que se pode constatar que o acesso das mulheres ao trabalho profissional é fator

56 Deveríamos lembrar aqui os jogos sutis pelos quais, na Cabília, certas mulheres (honradas), embora dominassem, sabiam adotar uma atitude de submissão que permitia ao homem parecer e sentir-se como dominante.

preponderante de seu acesso ao divórcio).[57] O que tende a confirmar que, contrariamente à representação romântica, a inclinação amorosa não está isenta de uma forma de racionalidade que é muitas vezes, de certo modo, *amor fati*, amor ao destino social.

Não se pode, portanto, pensar esta forma particular de dominação senão ultrapassando a alternativa da pressão (pelas forças) e do consentimento (às razões), da coerção mecânica e da submissão voluntária, livre, deliberada, ou até mesmo calculada. O efeito da dominação simbólica (seja ela de etnia, de gênero, de cultura, de língua etc.) se exerce não na lógica pura das consciências cognoscentes, mas através dos esquemas de percepção, de avaliação e de ação que são constitutivos dos *habitus* e que fundamentam, aquém das decisões da consciência e dos controles da vontade, uma relação de conhecimento profundamente obscura a ela mesma.[58] Assim, a lógica paradoxal da dominação masculina

57 Cf. B. Bastard e L. Cardia-Vouèche, "L'activité professionelle des femmes; une ressource mais pour qui? Une réflexion sur l'accès au divorce", *Sociologie du travail*, 3, 1984, pp. 308-316.

58 Entre inúmeros depoimentos e observações a respeito da experiência da violência simbólica associada à dominação linguística, citarei apenas, por seu caráter exemplar, os que são trazidos por M. Abiodun Goke-Pariola sobre a Nigéria independente: a perpetuação de um "menosprezo interiorizado por tudo que é indígena" se manifesta de maneira particularmente ostensiva na relação que os nigerianos têm com a própria língua (que eles se recusam a ensinar nas escolas) e com a língua do ex-colonizador, que eles falam "adotando o *hexis* corporal dos ingleses [...] para obter o que consideram o sotaque nasal do inglês" (cf. A. Goke-Pariola, *The Role* of *Language in the Struggle for Power and Legitimacy in Africa*, African Studies, 31, Lewiston, Queenston, Lampeter, The Edwin Mellen Press, 1993).

e da submissão feminina, que se pode dizer ser, ao mesmo tempo e sem contradição, *espontânea* e *extorquida*, só pode ser compreendida se nos mantivermos atentos aos *efeitos duradouros* que a ordem social exerce sobre as mulheres (e os homens), ou seja, às disposições espontaneamente harmonizadas com essa ordem que as impõe.

A força simbólica é uma forma de poder que se exerce sobre os corpos, diretamente, e como que por magia, sem qualquer coação física; mas essa magia só atua com o apoio de predisposições colocadas, como molas propulsoras, na zona mais profunda dos corpos.[59] Se ela pode agir como um *macaco mecânico*, isto é, com um gasto extremamente pequeno de energia, ela só o consegue porque desencadeia disposições que o trabalho de inculcação e de incorporação realizou naqueles ou naquelas que, em virtude desse trabalho, se veem por elas capturados. Em outros termos, ela encontra suas condições de possibilidade e sua contrapartida econômica (no sentido mais amplo da palavra) no imenso trabalho prévio que é necessário para operar uma transformação duradoura dos corpos e produzir as disposições permanentes que ela desencadeia e desperta; ação transformadora ainda mais poderosa por se exercer, nos aspectos mais essenciais, de maneira invisível e insidiosa, através da insensível familiarização com um mundo físico simbolica-

---

59 Pode-se pensar nesses termos a eficácia simbólica da mensagem religiosa (bula papal, pregação, profecia etc.), que repousa claramente em um trabalho prévio de socialização religiosa (catecismo, frequência ao culto e, sobretudo, imersão precoce em um universo impregnado de religiosidade).

mente estruturado e da experiência precoce e prolongada de interações permeadas pelas estruturas de dominação.

Os atos de conhecimento e de reconhecimento práticos da fronteira mágica entre os dominantes e os dominados, que a magia do poder simbólico desencadeia, e pelos quais os dominados contribuem, muitas vezes à sua revelia, ou até contra sua vontade, para sua própria dominação, aceitando tacitamente os limites impostos, assumem muitas vezes a forma de *emoções corporais* — vergonha, humilhação, timidez, ansiedade, culpa — ou de *paixões* e de *sentimentos* — amor, admiração, respeito —; emoções que se mostram ainda mais dolorosas, por vezes, por se traírem em manifestações visíveis, como o enrubescer, o gaguejar, o desajeitamento, o tremor, a cólera ou a raiva onipotente, e outras tantas maneiras de se submeter, mesmo de má vontade ou até *contra a vontade,* ao juízo dominante, ou outras tantas maneiras de vivenciar, não raro com conflito interno e clivagem do ego, a cumplicidade subterrânea que um corpo que se subtrai às diretivas da consciência e da vontade estabelece com as censuras inerentes às estruturas sociais.

As paixões do *habitus* dominado (do ponto de vista do gênero, da etnia, da cultura ou da língua), relação social somatizada, lei social convertida em lei incorporada, não são das que se podem sustar com um simples esforço de vontade, alicerçado em uma tomada de consciência libertadora. Se é totalmente ilusório crer que a violência simbólica pode ser vencida apenas com as armas da consciência e da vontade, é porque os efeitos e as condições de sua eficácia estão duradouramente inscritas no mais íntimo dos corpos, sob a forma de predisposições (aptidões, inclinações). É o que se vê, sobretudo, no caso das relações de parentesco e de todas as relações concebidas segundo esse modelo, no qual essas tendências permanentes do corpo socializado se expressam e se vivenciam dentro da lógica do sentimento (amor filial, fraterno etc.), ou do dever; sentimento e dever que, confundidos muitas vezes na experiência do respeito e do devotamento afetivo, podem sobreviver durante muito tempo depois de desaparecidas suas condições sociais de produção. Observa-se assim que, mesmo quando as pressões externas são abolidas e as liberdades formais — direito de voto, direito à educação, acesso a todas as profissões, inclusive políticas — são adquiridas, a autoexclusão e a "vocação" (que "age" tanto de modo negativo quanto de modo positivo) vêm substituir a exclusão expressa: a rejeição aos lugares públicos, que, quando é explicitamente afirmada, como entre os Cabilas, condena as mulheres à discriminação de espaços e torna a aproximação de um espaço masculino, como o local de assembleias, uma prova terrível, pode também se dar em outros lugares, de maneira quase igualmente eficaz, por meio de uma espécie de *agorafobia socialmente imposta*, que pode subsistir por longo tempo depois de terem sido abolidas as proibições mais visíveis e que conduz as próprias mulheres a se excluírem da *ágora*.

Lembrar os traços que a dominação imprime perduravelmente nos corpos e os efeitos que ela exerce através deles não significa dar armas a essa maneira, particularmente viciosa, de ratificar a dominação que consiste em atribuir às mulheres a responsabilidade de sua própria opressão, sugerindo, como já se fez algumas vezes, que elas *escolhem* adotar práticas submissas ("as mulheres são seus piores inimigos") ou mesmo que elas gostam dessa dominação, que elas "se deleitam" com os tratamentos que lhes são infligidos, devido a uma espécie de masoquismo constitutivo de sua natureza. Pelo contrário, é preciso assinalar não só que as tendências à "submissão" dadas por vezes como pretexto para "culpar a vítima" são resultantes das estruturas objetivas, como também que essas estruturas só devem sua eficácia aos mecanismos que elas desencadeiam e que contribuem para sua reprodução. O poder simbólico não pode se exercer sem a colaboração dos que lhe são subordinados e que só se subordinam a ele porque o *constroem* como poder. Mas, evitando deter-nos nessa constatação (como faz o construtivismo idealista, etnometodológico ou de outro tipo), temos que registrar e levar em conta a construção social das estruturas cognitivas que organizam os atos de construção do mundo e de seus poderes. Assim se percebe que essa construção prática, longe de ser um ato intelectual consciente, livre, deliberado de um "sujeito" isolado, é, ela própria, resultante de um poder, inscrito duradouramente no corpo dos dominados sob forma de esquemas de percepção e de disposições (a admirar, respeitar, amar etc.) que o tornam *sensível* a certas manifestações simbólicas do poder.

Se a verdade é que, embora pareça apoiar-se na força bruta, das armas ou do dinheiro, o reconhecimento da dominação supõe sempre um ato de conhecimento, isso não implica igualmente que estejamos embasados a descrevê-la com a linguagem da consciência, por um "viés" intelectualista e escolástico que, como em Marx (e sobretudo nos que, depois de Lukács, falam em "falsa consciência"), leva a esperar a liberação das mulheres como efeito automático de sua "tomada de consciência", ignorando, por falta de uma teoria tendencial das práticas, a opacidade e a inércia que resultam da inscrição das estruturas sociais no corpo.

Jeanne Favret-Saada, embora tenha mostrado a inadequação da noção de "consentimento" obtido pela "persuasão" e a "sedução", não consegue sair realmente da alternativa entre coação ou consentimento como "livre aceitação" e "acordo explícito" porque se mantém encerrada, como Marx, de quem ela toma de empréstimo a terminologia da alienação, em uma filosofia da "consciência" (ela fala em "*consciência* dominada, fragmentada, contraditória do oprimido" ou em "invasão da *consciência* das mulheres pelo poder físico, jurídico e mental dos homens"); por não levar em conta os efeitos *duradouros* que a ordem masculina exerce sobre os corpos, ela não pode compreender adequadamente a submissão encantada que constitui o efeito característico da violência simbólica.[60] A linguagem do "imaginário" que vemos ser utilizada aqui e acolá, um pouco a torto e a direito, é sem dúvida ainda mais inadequada que a da

60 F. Favret-Saada, "L'arraisonnement des femmes", *Les Temps Modernes*, fevereiro 1987, pp. 137-150.

"consciência", dado que tende particularmente a esquecer que o princípio da visão dominante não é uma simples representação mental, uma fantasia ("ideias na cabeça"), uma "ideologia", e sim um sistema de estruturas duradouramente inscritas nas coisas e nos corpos. Nicole-Claude Mathieu foi, sem dúvida, quem levou mais longe, em um texto intitulado "Da consciência dominada",[61] a crítica da noção de consentimento que "anula quase toda responsabilidade da parte do opressor"[62] e "na realidade joga uma vez mais a culpa sobre o oprimido(a)";[63] mas, por não abandonar a linguagem da "consciência", ela não levou a cabo a análise *das limitações das possibilidades de pensamento e de ação* que a dominação impõe aos oprimidos[64] e da "invasão de sua consciência pelo poder onipresente dos homens".[65]

Essas distinções críticas nada têm de gratuito: elas implicam, de fato, que a revolução simbólica a que o movimento feminista convoca não pode se reduzir a uma

61 N.-C. Mathieu, *Catégorisation et idéologies de sexe*, Paris, Côté-femmes, 1991.

62 *Ibid.*, p. 225.

63 *Ibid.*, p. 226.

64 *Ibid.*, p. 216.

65 *Ibid.*, p. 180. Registre-se, de passagem, que os avanços mais decisivos da crítica da visão masculina das relações de reprodução (como a minimização, no discurso e no ritual, da contribuição propriamente feminina) encontraram alicerce seguro na análise etnológica das práticas, sobretudo os rituais (cf., por exemplo, os textos reunidos por N.-C. Mathieu, em N. Echard, O. Journet, C. Michard-Marchal, C. Ribéry, N.-C. Mathieu, P. Tabet, *L'Arraisonnement des femmes. Essais en anthropologie des sexes*, Paris, École des hautes études en sciences sociales, 1985).

simples conversão das consciências e das vontades. Pelo fato de o fundamento da violência simbólica residir não nas consciências mistificadas que bastaria esclarecer, e sim nas disposições modeladas pelas estruturas de dominação que as produzem, só se pode chegar a uma ruptura da relação de cumplicidade que as vítimas da dominação simbólica têm com os dominantes com uma transformação radical das condições sociais de produção das tendências que levam os dominados a adotar, sobre os dominantes e sobre si mesmos, o próprio ponto de vista dos dominantes. A violência simbólica não se processa senão através de um ato de conhecimento e de desconhecimento prático, ato este que se efetiva aquém da consciência e da vontade e que confere seu "poder hipnótico" a todas as suas manifestações, injunções, sugestões, seduções, ameaças, censuras, ordens ou chamadas à ordem. Mas uma relação de dominação que só funciona por meio dessa cumplicidade de tendências depende, profundamente, *para sua perpetuação ou para sua transformação,* da perpetuação ou da transformação das estruturas de que tais disposições são resultantes (particularmente da estrutura de um mercado de bens simbólicos cuja lei fundamental é que as mulheres nele sejam tratadas como objetos que circulam de baixo para cima).

Assim, as disposições (*habitus*) são inseparáveis das estruturas (*habitudines*, no sentido de Leibniz) que as produzem e as reproduzem, tanto nos homens como nas mulheres, e em particular de toda a estrutura das atividades técnico-rituais, que encontra seu fundamento último na estrutura do mercado de bens simbólicos.[66] O princípio da inferioridade e da exclusão da mulher, que o sistema mítico-ritual ratifica e amplia, a ponto de fazer dele o princípio de divisão de todo o universo, não é mais que a dissimetria fundamental, a *do sujeito e do objeto, do agente e do instrumento*, instaurada entre o homem e a mulher no terreno das trocas simbólicas, das relações de produção e reprodução do capital simbólico, cujo dispositivo central é o mercado matrimonial, e que estão na base de toda a ordem social: as mulheres só podem aí ser vistas como objetos, ou melhor, como símbolos cujo sentido se constitui fora delas e cuja função é contribuir para a perpetuação ou o aumento do capital simbólico em poder dos homens. Verdade do estatuto conferido às mulheres que se revela *a contrario* na situação limite em que, para evitar o aniquilamento da linhagem, uma família sem descendentes do sexo masculino não tem outro recurso a não ser o de

66 Antecipando certas intuições de filósofos modernos, como as de Peirce, Leibniz fala de "habitudines", maneiras de ser duradouras, estruturas, surgidas com a evolução, para designar o que se enuncia na expressão (G. W. Leibniz, "Quid sit idea", em Gerhardt [ed.]), *Philosophischen Schriften*, VII, pp. 263-264).

tomar para sua filha um homem, o *awrith*, que, ao inverso do uso patri-local, vem residir na casa da esposa e passa a circular como uma mulher, isto é, como um objeto ("ele se faz de esposa", dizem os cabilas): a masculinidade mesma vendo-se assim posta em questão, observa-se, tanto em Bearn como na Cabília, que todo o grupo vê com voluntária indulgência os subterfúgios que a família humilhada põe em ação para salvar a aparência de sua honra e, na medida do possível, a do "homem objeto" que, anulando-se como homem, põe em questão a honra da família que o recebe.

É na lógica da economia de trocas simbólicas — e, mais precisamente, na construção social das relações de parentesco e do casamento, em que se determina às mulheres seu estatuto social de objetos de troca, definidos segundo os interesses masculinos, e destinados assim a contribuir para a reprodução do capital simbólico dos homens — que reside a explicação do primado concedido à masculinidade nas taxinomias culturais. O tabu do incesto, em que Lévi-Strauss vê o ato fundador da sociedade, na medida em que implica o imperativo de troca compreendido como igual comunicação entre os homens, é correlativo da instituição da violência pela qual as mulheres são negadas como sujeitos da troca e da aliança que se instauram através delas, mas reduzindo-as à condição de objetos, ou melhor, de *instrumentos simbólicos* da política masculina: destinadas a circular como signos fiduciários e a instituir assim relações entre os homens, elas ficam reduzidas à condição de instrumentos de produção ou de reprodução do capital simbólico e social. E talvez, levando às últimas consequências a ruptura com a visão meramente "semiológica" de Lévi-Strauss, seja necessário ver na circulação de cunho sádico que, como diz Anne-Marie Dardigna, faz do "corpo feminino, literalmente, um objeto que pode ser avaliado e intercambiado, circulando entre os homens ao mesmo título que uma moeda",[67] o limite, desencantado ou cínico, da circulação lévi-straussiana que, sem dúvida possibilitado pelo desencanto (do qual o erotismo é um dos aspectos) associado à generalização das trocas monetárias, exibe claramente a violência sobre a qual repousa, em última análise, essa circulação legítima de mulheres legítimas.

A leitura estritamente semiológica, que, concebendo a troca de mulheres como relação de comunicação, oculta a dimensão *política* da transação matrimonial, relação de força simbólica que visa a conservá-la ou aumentá-la,[68] e a interpretação meramente "economicista", marxista ou outra, que, confundindo a lógica do modo de produção simbólica com a lógica do modo de produção propriamente econômica, trata a troca de mulheres como uma troca de mercadorias, têm em comum o fato de deixarem escapar a ambiguidade essencial da economia de bens simbólicos: orientada para a acumulação do capital simbólico (a honra), essa economia transforma diferentes materiais brutos, no primeiro nível

---

67 A.-M. Dardigna, *Les Châteaux d'Éros ou les infortunes du sexe des femmes*, Paris, Maspero, 1980, p. 88.

68 Sobre as consequências de ruptura com a visão semiológica da troca na compreensão da troca linguística, ver P. Bourdieu, *Ce que parler veut dire*, *op. cit.*, pp. 13-21 e *passim*.

dos quais está a mulher, mas também todos os objetos suscetíveis de serem formalmente trocados, em *dons* (e não em produtos), ou seja, em signos de comunicação que são, indissociavelmente, instrumentos de dominação.[69]

Uma tal teoria leva em conta não só a estrutura específica dessa troca, mas também o trabalho social que ela exige dos que a realizam e, sobretudo, o que é necessário para dele produzir e reproduzir não só os agentes (ativos, os homens; ou passivos, as mulheres) como também a própria lógica — isso contra a ilusão de que o capital simbólico se reproduz de certo modo por sua própria força e fora da ação de agentes situados e datados. (Re)produzir os agentes é (re)produzir as categorias (no duplo sentido de esquemas de percepção e de avaliação e de grupos sociais) que organizam o mundo social, categorias não só de parentesco, evidentemente, mas também categorias mítico-rituais; (re)produzir o jogo e seus lances é (re)produzir as condições de acesso à reprodução social (e não apenas à sexualidade), garantida por uma troca agonística que visa a acumular estatutos genealógicos, nomes de linhagem ou de ancestrais, isto é, capital simbólico, e portanto, poderes e direitos duradouros sobre pessoas: os homens produzem signos e os trocam ativamente, como

69 Esta análise materialista da economia de bens simbólicos permite escapar à ruinosa alternativa entre o "material" e o "ideal", que se perpetua através da oposição entre os estudos "materialistas" e os estudos "simbólicos" (muitas vezes realmente notáveis, como os de Michele Rosaldo, Sherry Ortner, Gayle Rubin, mas, a meu ver, parciais: Rosaldo e Ortner viram o papel das posições simbólicas e a cumplicidade dos dominados; Rubin, a ligação com as trocas simbólicas e as estratégias matrimoniais).

parceiros-adversários unidos por uma relação essencial de igualdade na honra, condição mesma de uma troca que pode produzir a desigualdade na honra, isto é, a dominação — o que falta em uma visão meramente semiológica como a de Lévi-Strauss. A dissimetria é, pois, radical entre o homem, sujeito, e a mulher, objeto de troca; entre o homem, responsável e senhor da produção e reprodução, e a mulher, produto *transformado* desse trabalho.[70]

Quando — como se dá na Cabília — a aquisição do capital simbólico e do capital social constitui, de certo modo, a única forma possível de acumulação, as mulheres são valores que é preciso conservar ao abrigo da ofensa e da suspeita; valores que, investidos nas trocas, podem produzir alianças, isto é, capital social, e aliados prestigiosos, isto é, capital simbólico. Na medida em que o valor dessas alianças, e portanto o lucro simbólico que elas podem trazer, depende, por um lado, do valor simbólico das mulheres disponíveis para a troca, isto é, de sua reputação e sobretudo de sua castidade — constituída em medida fetichista da reputação masculina

70 Eu teria podido (ou devido), a propósito de cada uma das proposições acima, assinalar o que as distingue, por um lado, das teses lévi-straussianas (como o fiz, em um único ponto, que me parecia particularmente importante), e, por outro lado, de tal ou qual análise próxima, sobretudo a de Gayle Rubin ("The Traffic in Women. The Political Economy of Sex", em R.R. Reiter [ed.], *Toward an Anthropology of Women*, Nova York, Monthly Review Press, 1975) que, para tentar levar em conta a opressão das mulheres, retoma, com perspectiva diferente da minha, alguns tópicos da análise inaugural de Lévi-Strauss. Isso me teria permitido fazer justiça a esses autores, embora fazendo ver minha "diferença" e, sobretudo, evitando expor-me a parecer estar repetindo ou retomando análises às quais me oponho.

e, portanto, do capital simbólico de toda a linhagem —, a honra dos irmãos e dos pais, que leva a uma vigilância tão cerrada, quase paranoica, assim como a dos esposos, é uma forma de lucro bem-compreendida.

O peso determinante da economia de bens simbólicos, que, através do princípio de divisão fundamental, organiza toda a percepção do mundo social, impõe-se a todo o universo social, ou seja, não só à economia da produção econômica, mas também à economia da *reprodução biológica*. É assim que se pode explicar por que, no caso da Cabília como em muitas outras tradições, a obra propriamente feminina de gestação e de parto se vê quase que anulada em relação ao trabalho propriamente masculino de fecundação. (Observe-se de passagem que se, a partir de uma perspectiva psicanalítica, Mary O'Brien não está errada em ver na dominação masculina o resultado do esforço dos homens para ultrapassar o fato de não possuírem os meios de reprodução da espécie e para restaurar a primazia da paternidade, dissimulando o trabalho real das mulheres no parto, ela se esquece de ligar este trabalho "ideológico" a seus verdadeiros fundamentos, isto é, às pressões da economia de bens simbólicos, que impõem a subordinação da reprodução biológica às necessidades da reprodução do capital simbólico.)[71] No ciclo da procriação, tanto quanto no ciclo agrário, a lógica mítico-ritual privilegia a intervenção masculina, sempre enfatizada, por ocasião do

71 M. O'Brien, *The Politics of Reproduction*, Londres, Routledge and Kegan Paul, 1981.

casamento ou do início dos trabalhos no campo, com ritos públicos, oficiais, coletivos, em detrimento dos períodos de gestação, tanto a da terra, durante o inverno, quanto a da mulher, que não dão margem mais que a atos rituais facultativos e quase furtivos: de um lado, uma intervenção *descontínua* e *extraordinária* no curso da vida, ação arriscada e perigosa de abertura, que é solenemente realizada — por vezes, como no caso do início das lavouras, publicamente, diante do grupo; do outro, uma espécie de processo natural e passivo de "enchimento", de que as mulheres são, não o agente, mas apenas o local, a ocasião, o suporte, ou melhor, que se localiza na mulher, como na terra, mas que não exige da mulher mais que práticas técnicas ou rituais de acompanhamento, atos destinados a ajudar a natureza em trabalho (como arrancar ervas, ou reuni-las em feixes, para alimento dos animais); com este fato, elas estão duplamente condenadas a permanecerem ignoradas, principalmente pelos homens: seus atos, familiares, contínuos, rotineiros, repetitivos e monótonos, "humildes e fáceis", como diz nosso poeta, são em sua maior parte realizados fora de vista, na obscuridade da casa ou nos tempos mortos do ano agrário.[72]

A divisão sexual está inscrita, por um lado, na divisão das atividades produtivas a que nós associamos a ideia de

---

72 Esta oposição entre o contínuo e o descontínuo se reencontra, em nosso universo, na oposição entre as rotinas do trabalho doméstico feminino e as "grandes decisões" que os homens em geral se arrogam (cf. M. Glaude, F. de Singly, "L'organisation domestique: pouvoir et négociation", *Économie et Statistique*, 187, Paris, INSEE, 1986).

trabalho, assim como, mais amplamente, na divisão do trabalho de manutenção do capital social e do capital simbólico, que atribui aos homens o monopólio de todas as atividades oficiais, públicas, de *representação,* e em particular de todas as trocas de honra, das trocas de palavras (nos encontros quotidianos e sobretudo nas assembleias), trocas de dons, trocas de mulheres, trocas de desafios e de mortes (cujo limite é a guerra); ela está inscrita, por outro lado, nas disposições (os *habitus*) dos protagonistas da economia de bens simbólicos: as das mulheres, que esta economia reduz ao estado de *objetos* de troca (mesmo quando, em determinadas condições, elas podem contribuir, pelo menos por procuração, para orientar e organizar as trocas, sobretudo matrimoniais); as dos homens, a quem toda a ordem social, e em particular as sanções positivas ou negativas associadas ao funcionamento do mercado de bens simbólicos, impõe adquirir a aptidão e a propensão, constitutivas do senso de honra, de levar a sério todos os jogos assim constituídos como sérios.

Ao descrever, como o fiz em outros estudos,[73] a propósito da divisão do trabalho entre os sexos, a divisão *unicamente das atividades produtivas,* adotei, *erroneamente,* uma definição etnocêntrica de trabalho que eu próprio havia demonstrado,[74] por outro lado, que, sendo invenção histó-

73 P. Bourdieu, *Le Sens pratique, op. cit.*, p. 358.
74 Cf. P. Bourdieu, *Travail et travailleurs en Algérie,* Paris-La Haye, Mouton, 1963, e *Algérie 60,* Paris, Éditions de Minuit, 1977.

rica, é profundamente diferente da definição pré-capitalista do "trabalho" como exercício de uma função social que se pode dizer "total", ou indiferenciada, e que engloba atividades que nossas sociedades considerariam como não produtivas, por serem desprovidas de sanção monetária: é o caso, na sociedade cabila e na maior parte das sociedades pré-capitalistas, mas também da nobreza do Antigo Regime e nas classes privilegiadas das sociedades capitalistas, de todas as práticas direta ou indiretamente orientadas para a reprodução do capital social e do capital simbólico, como o fato de negociar um casamento, ou de tomar a palavra na assembleia dos homens entre os cabilas, ou, algures, o fato de praticar um esporte refinado, de ter um salão, de dar um baile ou inaugurar uma instituição de caridade. Ora, aceitar aquela definição mutilada representa impedir-se de apreender completamente a estrutura objetiva da divisão sexual das "tarefas" ou dos *encargos*, que se estende a todos os domínios da prática e, principalmente, às trocas (com a diferença entre as trocas masculinas, públicas, descontínuas, extraordinárias e as trocas femininas, privadas, ou até secretas, contínuas e rotineiras) e às atividades religiosas ou rituais, em que se observam oposições do mesmo princípio.

Este investimento primordial nos jogos sociais (*illusio*), que torna o homem verdadeiramente homem — senso de honra, virilidade, *manliness*, ou, como dizem os cabilas, "cabilidade" (*thakbaylith*) —, é o princípio indiscutido de todos os deveres para consigo mesmo, o motor ou móvel de tudo que ele *se deve*, isto é, que deve cumprir para estar agindo corretamente consigo mesmo, para permanecer digno, a seus próprios olhos, de uma certa ideia de homem. É, de fato, na relação entre um *habitus* construído segundo a divisão fundamental do reto e do curvo, do aprumado e do deitado, do forte e do fraco, em suma, do masculino e do feminino, e um espaço social organizado segundo essa divisão que se engendram, como igualmente urgentes, coisas a serem feitas, os investimentos em que se empenham os homens e as virtudes, todas de abstenção e abstinência, das mulheres.

Assim, o ponto de honra, essa forma peculiar de sentido do jogo que se adquire pela submissão prolongada às regularidades e às regras da economia de bens simbólicos, é o princípio do sistema de estratégias de reprodução pelas quais os homens, detentores do monopólio dos instrumentos de produção e de reprodução do capital simbólico, visam a assegurar a conservação ou o aumento deste capital: estratégias de fecundidade, estratégias matrimoniais, estratégias educativas, estratégias econômicas, estratégias de sucessão, todas elas orientadas no sentido de transmissão dos poderes e dos privilégios herdados.[75] Necessidade da ordem simbólica

---

75 Sobre a ligação entre a honra e as estratégias matrimoniais e de sucessão, pode-se ler: P. Bourdieu, "Célibat et condition paysanne", *Études rurales*, 5-6, abril-setembro 1962, pp. 32-136; "Les stratégies matrimoniales dans le système des stratégies de reproduction", *Annales*, 4-5, julho-outubro 1972, pp. 1.105-1.127; Y. Castan, *Honnêteté et relations sociales en Languedoc (1715-1780)*, Paris, Plon, 1974, pp. 17-18; R. A. Nye, *Masculinity and Male Codes of Honor in Modern France*, Nova York, Oxford University Press, 1993.

tornada virtude, ele é produto da incorporação da tendência da honra (isto é, do capital simbólico possuído em comum por uma linhagem, ou por uma "casa", como é o caso em Bearn e nas famílias nobres da Idade Média, ou além dela) de se perpetuar através da ação dos agentes.

As mulheres são excluídas de todos os lugares públicos, assembleia, mercado, em que se realizam os jogos comumente considerados os mais sérios da existência humana, que são os jogos da honra. E excluídas, se assim podemos dizer, *a priori*, em nome do princípio (tácito) da igualdade na honra, que exige que o desafio, que honra quem o faz, só seja válido se dirigido a um homem (em oposição a uma mulher) e a um homem honrado, capaz de dar uma resposta que, por representar uma forma de reconhecimento, é igualmente honrosa. A circularidade perfeita do processo indica que se trata de uma partilha arbitrária.

VIRILIDADE E VIOLÊNCIA

Se as mulheres, submetidas a um trabalho de socialização que tende a diminuí-las, a negá-las, fazem a aprendizagem das virtudes negativas da abnegação, da resignação e do silêncio, os homens também são prisioneiros e, sem se aperceberem, vítimas, da representação dominante. Tal como as disposições à submissão, as que levam a reivindicar e a exercer a dominação não estão inscritas em uma natureza e têm que ser construídas ao longo de todo um trabalho de socialização, isto é, como vimos, de diferenciação ativa em relação ao sexo oposto. Ser homem, no sentido de *vir*, implica um dever-ser, uma *virtus*, que se impõe sob a forma do "é evidente por si mesma", sem discussão. Semelhante à nobreza, a honra — que se inscreveu no corpo sob forma de um conjunto de disposições aparentemente naturais, muitas vezes visíveis na maneira peculiar de se manter de pé, de aprumar o corpo, de erguer a cabeça, de uma atitude, uma postura, às quais corresponde uma maneira de pensar e de agir, um *éthos*, uma crença etc. — *governa* o homem de honra, independentemente de qualquer pressão externa. Ela *dirige* (no duplo sentido do termo) seus pensamentos e suas práticas, tal como uma força ("é mais forte que ele") mas sem o obrigar automaticamente (ele pode furtar-se e não estar à altura da exigência); ela guia sua ação tal qual uma necessidade lógica ("ele não pode agir de outro modo", sob pena de renegar-se), mas sem se impor a ele como uma regra ou como o implacável veredicto lógico de uma espécie de cálculo racional. Essa força superior, que pode fazê-lo aceitar como inevitáveis, ou óbvios, isto é, sem deliberação nem exame, atos que seriam vistos pelos outros como impossíveis ou impensáveis, é a transcendência social que nele tomou corpo e que funciona como *amor fati*, amor do destino, inclinação corporal a realizar uma identidade constituída em essência social e assim transformada em destino. A nobreza, ou a questão de honra (*nif*), no sentido do conjunto de aptidões consideradas nobres (coragem física e moral, generosidade, magnanimidade etc.), é produto de um trabalho social de nominação e de inculcação, ao término do qual uma identidade social instituída por uma dessas "linhas de demarcação mística" conhecidas e reconhecidas por todos, que o mundo social desenha, inscreve-se em uma natureza biológica e se torna um *habitus*, lei social incorporada.

O privilégio masculino é também uma cilada e encontra sua contrapartida na tensão e contensão permanentes, levadas por vezes ao absurdo, que impõe a todo homem o dever de afirmar, em toda e qualquer circunstância, sua virilidade.[76] Na medida em que ele tem como sujeito, de fato, um coletivo — a linhagem ou a casa —, que está, por sua vez, submetido às exigências imanentes à ordem simbólica, o ponto de honra se mostra, na realidade, como um ideal, ou melhor, como um sistema de exigências que está destinado a se tornar, em mais de um caso, inacessível. A *virilidade*, entendida como capacidade reprodutiva, sexual e social, mas também como aptidão ao combate e ao exercício da violência (sobretudo em caso de vingança), é, acima de tudo, uma *carga*. Em oposição à

---

76 Em primeiro lugar, pelo menos no caso das sociedades norte-africanas, no plano sexual, como o comprova, com testemunho de um farmacêutico, recolhido nos anos 1960, a busca frequente e muito comum dos homens a afrodisíacos. A virilidade é, de fato, submetida à prova de uma forma mais ou menos disfarçada de julgamento coletivo, por ocasião dos ritos de defloração da recém-casada, e também através das conversas femininas, que dão muita margem aos assuntos sexuais e aos fracassos da virilidade. A corrida que suscitou, tanto na Europa como nos Estados Unidos, o aparecimento, em princípios de 1998, da pílula Viagra atesta, juntamente com inúmeros escritos de psicoterapeutas e de médicos, que a ansiedade a propósito das manifestações físicas da virilidade nada tem de particularmente exótico.

mulher, cuja honra, essencialmente negativa, só pode ser defendida ou perdida, sua virtude sendo sucessivamente a virgindade e a fidelidade, o homem "verdadeiramente homem" é aquele que se sente obrigado a estar à altura da possibilidade que lhe é oferecida de fazer crescer sua honra buscando a glória e a distinção na esfera pública. A exaltação dos valores masculinos tem sua contrapartida tenebrosa nos medos e nas angústias que a feminilidade suscita — frágeis e princípios de fraqueza enquanto encarnações da *vulnerabilidade* da honra, da *h'urma* (o sagrado esquerdo feminino, oposto ao sagrado direito, masculino), sempre expostas à ofensa, as mulheres são também fortes em tudo que representa as armas da fraqueza, como a astúcia diabólica, *thah'raymith*, e a magia.[77] Tudo concorre, assim, para fazer do ideal impossível de virilidade o princípio de uma enorme vulnerabilidade. É esta que leva, paradoxalmente, ao investimento, obrigatório por vezes, em todos os jogos de violência masculinos, tais como em nossas sociedades os esportes, e mais especialmente os que são mais adequados a produzir os signos visíveis da

77 Como se pode ver no mito de origem, em que ele descobria com estupefação o sexo da mulher e o prazer (sem reciprocidade) que ela lhe revelava, o homem se coloca, no sistema de oposições que o ligam à mulher, do lado da boa-fé e da ingenuidade (*niya*), antíteses totais da astúcia diabólica (*thah'raymith*). Sobre essa oposição, ver P. Bourdieu e A. Sayad, *Le Déracinement. La crise da l'agriculture traditionnelle en Algérie*, Paris, Éditions de Minuit, 1964, pp. 90-92.

masculinidade,[78] e para manifestar, bem como testar, as qualidades ditas viris, como os esportes de luta.[79]

Como a honra — ou a vergonha, seu reverso, que, como sabemos, à diferença da culpa, é experimentada *diante dos outros* —, a virilidade tem que ser validada pelos outros homens, em sua verdade de violência real ou potencial, e atestada pelo reconhecimento de fazer parte de um grupo de "verdadeiros homens". Inúmeros ritos de instituição, sobretudo os escolares ou militares, comportam verdadeiras provas de virilidade, orientadas no sentido de reforçar solidariedades viris. Práticas como, por exemplo, os estupros coletivos praticados por bandos de adolescentes — variante desclassificada da visita coletiva ao bordel, tão presente na memória dos adolescentes burgueses — têm por finalidade pôr os que estão sendo testados em situação de afirmar diante

78 Cf. S. W. Fussell, *Muscle: Confessions of an Unlikely Body Builder*, Nova York, Poseidon, 1991, e L. Wacquant, "A Body too Big to Feel", in *Masculinities*, 2 (1), primavera 1994, pp. 78-86. Loïc Wacquant insiste, e com razão, no "paradoxo da masculinidade" tal qual se revela no "*body-building*", "luta encarniçada, como diz B. Glassner, contra o sentimento de vulnerabilidade", e no "processo complexo através do qual a *illusio* masculina é implantada e inscrita em um indivíduo biológico particular".

79 A construção do *habitus* judaico tradicional nos países da Europa Central, em fins do século XIX, mostra-se como uma *inversão total* do processo de construção do *habitus* masculino tal como ele é aqui descrito; a recusa explícita ao culto da violência, mesmo em suas formas mais ritualizadas, como o duelo ou o esporte, leva a desvalorizar os exercícios físicos, sobretudo os mais violentos, em favor dos exercícios intelectuais e espirituais, que favorecem o desenvolvimento de disposições ternas e "pacíficas" (comprovadas pela raridade de estupros ou crimes de sangue) na comunidade judaica (cf. V. Karady, "Les juifs et la violence stalinienne", *Actes de la recherche en sciences sociales*, 120, dezembro 1977, pp. 3-31).

dos demais sua virilidade pela verdade de sua violência,[80] isto é, fora de todas as ternuras e de todos os enternecimentos desvirilizantes do amor, e elas manifestam de maneira ostensiva a heteronomia de todas as afirmações da virilidade, sua dependência com relação ao julgamento do grupo viril.

Certas formas de "coragem", as que são exigidas ou reconhecidas pelas forças armadas, ou pelas polícias (e, especialmente, pelas "corporações de elite"), e pelos bandos de delinquentes, ou também, mais banalmente, certos coletivos de trabalho — como os que, nos ofícios da construção, em particular, encorajam e pressionam a recusar as medidas de prudência e a negar ou a desafiar o perigo com condutas de exibição de bravura, responsáveis por numerosos acidentes —, encontram seu princípio, paradoxalmente, no *medo* de perder a estima ou a consideração do grupo, de "quebrar a cara" diante dos "companheiros" e de se ver remetido à categoria, tipicamente feminina, dos "fracos", dos "delicados", dos "mulherzinhas", dos "veados". Por conseguinte, o que chamamos de "coragem" muitas vezes tem suas raízes em uma forma de covardia: para comprová-lo, basta lembrar todas as situações em que, para lograr atos como matar, torturar ou violentar, a vontade de dominação, de exploração ou de opressão baseou-se no medo "viril" de ser excluído do

80 A ligação entre a virilidade e a violência é explícita na tradição brasileira, que descreve o pênis como uma arma (R. G. Parker, *Bodies, Pleasures and Passions: Sexual Culture in Contemporary Brazil*, Boston, Beacon Press, 1991, p. 37). A correlação é também explícita entre a penetração (*foder*) e a dominação (p. 42).

mundo dos "homens" sem fraquezas, dos que são por vezes chamados de "duros" porque são duros para com o próprio sofrimento e sobretudo para com o sofrimento dos outros — assassinos, torturadores e chefes de todas as ditaduras e de todas as "instituições totais", mesmo as mais ordinárias, como as prisões, as casernas ou os internatos —, mas, igualmente, os novos patrões de uma luta que a hagiografia neoliberal exalta e que, não raro, quando submetidos, eles próprios, a provas de coragem corporal, manifestam seu domínio atirando ao desemprego seus empregados excedentes. A virilidade, como se vê, é uma noção eminentemente *relacional,* construída diante dos outros homens, para os outros homens e contra a feminilidade, por uma espécie de *medo* do feminino, e construída, primeiramente, dentro de si mesmo.

2

Anamnese das constantes ocultas

A descrição etnológica de um mundo social, ao mesmo tempo suficientemente distanciado para se prestar mais facilmente à objetivação e inteiramente construído em torno da dominação masculina, atua como uma espécie de "detector" de traços infinitesimais e de fragmentos esparsos da visão androcêntrica do mundo e, por isso, como instrumento de uma arqueologia histórica do inconsciente que, originariamente construída, sem dúvida alguma, em um estágio muito antigo e muito arcaico de nossas sociedades, permanece em cada um de nós, homem ou mulher. (Inconsciente histórico ligado, portanto, não a uma natureza biológica ou psicológica, e a propriedades inscritas nesta natureza, como a diferença entre os sexos segundo a psicanálise, mas a um trabalho de construção propriamente histórica — como aquele que visa a produzir o desligamento do menino do universo feminino — e, por conseguinte, suscetível de ser modificado por uma transformação de suas condições históricas de produção.)

É preciso, portanto, começar desligando-nos de tudo aquilo que o conhecimento do modelo acabado do "inconsciente" androcêntrico permite detectar e compreender nas manifestações do inconsciente que é o nosso, e que se entrega ou se trai, em relances, nas metáforas do poeta ou nas comparações familiares, destinadas, por sua evidência mesma, a passar despercebidas. A experiência que um leitor desprevenido pode ter das relações de oposição ou de homologia que estruturam as práticas (sobretudo as rituais) e as representações da sociedade cabila — graças principalmente ao diagrama destinado a dela oferecer uma visão de conjunto, totalmente ausente na prática indígena — pode ir de um sentimento de evidência (que, se nele pensamos, nada tem de evidente e que repousa no fato de partilharmos desse mesmo inconsciente) a uma forma de desconcerto, a que pode seguir-se uma impressão de revelação, ou melhor, de *redescoberta*, em tudo semelhante à que traz o inesperado necessário de certas metáforas poéticas. E a familiaridade que ele pode muito rapidamente adquirir, tal como a que o etnólogo obteve, mais laboriosamente, antes dele, com cada uma das relações de oposição e com a rede de relações de equivalência direta ou mediatizada que une cada uma delas a todas as demais em um sistema, conferindo-lhe assim sua *necessidade objetiva e subjetiva*, não é a que traz a aquisição de um simples saber, mas a que advém da reapropriação de um conhecimento, ao mesmo tempo possuído e perdido desde sempre, que Freud, seguindo Platão, chamava de "anamnese".

Mas essa anamnese não se refere apenas, como em Platão, a conteúdos eidéticos; nem apenas, como em Freud, a um processo individual de constituição do inconsciente, no qual o aspecto social, sem chegar a estar excluído, reduz-se a uma estrutura familiar genérica e universal, jamais caracterizada socialmente. Essa anamnese se alicerça na filogênese e na ontogênese de um inconsciente ao mesmo tempo coletivo e individual, traço incorporado de uma história coletiva e de uma história individual que impõe a todos os agentes, homens ou mulheres, seu sistema de pressupostos imperativos — do qual a etnologia constrói a axiomática, potencialmente libertadora.

O trabalho de transformação dos corpos, ao mesmo tempo sexualmente diferenciado e sexualmente diferenciador, que se realiza em parte através dos efeitos de sugestão mimética, em parte através de injunções explícitas, e em parte, enfim, através de toda a construção simbólica da visão do corpo biológico (e em particular do ato sexual, concebido como ato de dominação, de posse), produz *habitus* automaticamente diferenciados e diferenciadores. A masculinização do corpo masculino e a feminilizacão do corpo feminino, tarefas enormes e, em certo sentido, intermináveis que, sem dúvida, hoje mais do que nunca, exigem quase sempre um gasto considerável de tempo e de esforços, determinam uma somatização da relação de dominação, assim naturalizada. É através do adestramento dos corpos que se impõem as disposições mais fundamentais, as que tornam ao mesmo tempo *inclinados e aptos* a entrar nos jogos sociais mais favoráveis ao desenvolvimento da virilidade: a política, os negócios, a ciência etc. (A educação primária estimula desigualmente meninos e meninas a se engajarem nesses jogos e favorece mais nos meninos as diferentes formas da *libido dominandi*, que pode encontrar expressões sublimadas nas formas mais "puras" da libido social, como a *libido sciendi*.)[1]

A MASCULINIDADE COMO NOBREZA

Embora as condições "ideais" que a sociedade cabila oferecia às pulsões do inconsciente androcêntrico tenham sido em grande parte abolidas, e a dominação masculina tenha perdido algo de sua evidência imediata, alguns dos mecanismos que fundamentam essa dominação continuam a funcionar, como a relação de causalidade circular que se estabelece entre as estruturas objetivas do espaço social e as disposições que elas produzem, tanto nos homens como nas mulheres. As injunções continuadas, silenciosas e invisíveis, que o mundo sexualmente hierarquizado no qual elas são lançadas lhes dirige, preparam as mulheres, ao menos tanto quanto os explícitos apelos à ordem, a aceitar como evidentes, naturais

1 Deveríamos mencionar aqui todas as observações que atestam que, desde a mais tenra infância, as crianças são objeto de expectativas coletivas muito diferentes segundo seu sexo e que, em situação escolar, os meninos são objeto de um tratamento privilegiado (sabe-se que os professores lhes dedicam mais tempo, que são mais seguidamente arguidos, mais raramente interrompidos e participam mais nas discussões gerais).

e inquestionáveis prescrições e proscrições arbitrárias que, inscritas na ordem das coisas, imprimem-se insensivelmente na ordem dos corpos.

Embora o mundo hoje se apresente como que semeado de indícios e de signos que designam as coisas a serem feitas, ou não factíveis, desenhando, como que em pontilhado, os movimentos e deslocamentos possíveis, prováveis ou impossíveis, os "por fazer" ou os "por vir" propostos por um universo a partir daí social e economicamente diferenciado, tais indícios ou signos não se dirigem a um agente qualquer, uma espécie de *x* intercambiável, mas especificam-se segundo as posições e disposições de cada agente: eles se apresentam *como* coisas a serem feitas, ou que não podem ser feitas, naturais ou impensáveis, normais ou extraordinárias, *para tal ou qual categoria*, isto é, particularmente para *um* homem ou para *uma* mulher (e de tal ou qual condição). As "expectativas coletivas", como diria Marcel Mauss, ou as "potencialidades objetivas", na expressão de Max Weber, que os agentes sociais descobrem a *todo* instante, nada têm de abstrato, nem de teórico, mesmo quando a ciência, para apreendê-las, tem que recorrer à estatística. Elas estão inscritas na fisionomia do ambiente familiar, sob a forma de oposição entre o universo público, masculino, e os mundos privados, femininos, entre a praça pública (ou a rua, lugar de todos os perigos) e a casa (já foi inúmeras vezes observado que, na publicidade ou nos desenhos humorísticos, as mulheres estão, na maior parte do tempo, inseridas no espaço doméstico, à diferença dos homens, que raramente se veem associados à casa e são quase sempre representados em lugares exóticos), entre os lugares destinados sobretudo aos homens, como os bares e os clubes do universo anglo-saxão, que, com seus couros, seus móveis pesados, angulosos e de cor escura, remetem a uma imagem de dureza e de rudeza viril, e os espaços ditos "femininos", cujas cores suaves, bibelôs e rendas ou fitas falam de fragilidade e de frivolidade.

É, sem dúvida, no encontro com as "expectativas objetivas" que estão inscritas, sobretudo implicitamente, nas posições oferecidas às mulheres pela estrutura, ainda fortemente sexuada, da divisão de trabalho, que as disposições ditas "femininas", inculcadas pela família e por toda a ordem social, podem se realizar, ou mesmo se expandir, e se ver, no mesmo ato, recompensadas, contribuindo assim para reforçar a dicotomia sexual fundamental, tanto nos cargos, que parecem exigir a submissão e a necessidade de segurança, quanto em seus ocupantes, identificados com posições nas quais, encantados ou alienados, eles simultaneamente se encontram e se perdem. A lógica, essencialmente social, do que chamamos de "vocação" tem por efeito produzir tais encontros harmoniosos entre as disposições e as posições, encontros que fazem com que as vítimas da dominação simbólica possam cumprir *com felicidade* (no duplo sentido do termo) as tarefas subordinadas ou subalternas que lhes são atribuídas por suas virtudes de submissão, de gentileza, de docilidade, de devotamento e de abnegação.

A libido socialmente sexuada entra em comunicação com a instituição que lhe censura ou lhe legitima a expressão. As "vocações" são sempre, por um lado, a antecipação mais ou menos fantasiosa do que o posto *promete* (por exemplo, para uma secretária, datilografar os textos) e do que ele *permite* (por exemplo, manter uma relação maternal ou de sedução com o patrão). O encontro com o cargo pode ter um efeito de revelação na medida em que autoriza e favorece, através das expectativas explícitas que ele encerra, certas condutas, técnicas, sociais, mas também sexuais ou sexualmente conotadas. O mundo do trabalho está, assim, repleto de pequenos grupos profissionais isolados (serviços de hospital, gabinetes de ministérios etc.) que funcionam como quase-famílias, nos quais o chefe do serviço, quase sempre um homem, exerce uma autoridade paternalista, baseada no envolvimento afetivo ou na sedução, e, ao mesmo tempo, sobrecarregado de trabalho e tendo a seu encargo tudo que acontece na instituição, oferece uma proteção generalizada a um pessoal subalterno, principalmente feminino (enfermeiras, assistentes, secretárias), assim encorajado a um investimento intenso, muitas vezes patológico, na instituição e naquele que a encarna.

Mas essas possibilidades objetivas se fazem lembrar também, de maneira bem concreta e bem sensível, não apenas em todos os signos hierárquicos da divisão do trabalho (médico/enfermeira, chefe/secretária etc.), bem como em todas as manifestações visíveis das diferenças entre os sexos (atitude, roupas, penteado) e, mais amplamente, nos detalhes, aparentemente insignificantes, dos comportamentos cotidianos, que encerram inúmeros e imperceptíveis apelos à ordem.[2] Assim, nos tablados das televisões, as mulheres estão quase sempre acantonadas nos papéis menores, que são outras tantas variantes da função de "anfitriãs", tradicionalmente atribuídas ao "sexo frágil"; quando elas não estão à frente de um homem, a quem visam a valorizar e que joga muitas vezes, por meio de gracinhas ou de alusões mais ou menos insistentes, com todas as ambiguidades inscritas na relação "casal", elas têm dificuldade de se impor ou de impor a própria palavra, e ficam relegadas a um papel convencionado de "animadora" ou de "apresentadora". Quando elas participam de um debate público, têm que lutar permanentemente para ter acesso à palavra e para manter a atenção, e a diminuição que sofrem é ainda mais implacável, por não se inspirar em uma vontade explícita e se exercer com a inocência total da inconsciência: cortam-lhes a palavra, orientam, com a maior boa-fé, a um homem a resposta a uma pergunta inteligente que elas acabam de fazer (como se, enquanto tal, ela não

2 Seria necessário analisar aqui todos os efeitos sociais daquilo que as estatísticas registram como índices de feminilização. Sabe-se, por exemplo, que a perspectiva de feminilização de uma profissão reduz sua desejabilidade e prestígio (cf. J. C. Tonhey, "Effects of Additional Women Professionals on Rating of Occupational Prestige and Desirability", *Journal of Personality and Social Psychology*, 1974, 29 [1], pp. 86-89). É porém menos sabido que a *sex ratio* exerce por si mesma efeitos, favorecendo, por exemplo, a aquisição de um conjunto de disposições que, sem estarem inscritas explicitamente nos programas oficiais, são inculcadas de maneira difusa (cf. M. Duru-Bellat, *L'École des filles. Quelle formation pour quels rôles sociaux*, Paris, L'Harmattan, 1990, p. 27). E observa-se, inclusive, que as meninas tendem a se sair pior nas especialidades de ensino técnico em que elas são minoritárias (cf. M. Duru-Ballat, *op.cit.*).

pudesse, por definição, vir de uma mulher). Esta espécie de negação à existência as obriga, muitas vezes, a recorrer, para se impor, às armas dos fracos, que só reforçam seus estereótipos: o brilho, que acaba sendo visto como capricho sem justificativa, ou exibição imediatamente qualificada de histeria; a sedução que, na medida em que se baseia em uma forma de reconhecimento da dominação, vem reforçar a relação estabelecida de dominação simbólica. Seria necessário enumerar todos os casos em que os homens mais bem-intencionados (a violência simbólica, como se sabe, não opera na ordem das intenções conscientes) realizam atos discriminatórios, excluindo as mulheres, sem nem se colocar a questão, de posições de autoridade, reduzindo suas reivindicações a caprichos, merecedores de uma palavra de apaziguamento ou de um tapinha na face,[3] ou, então, com intenção aparentemente oposta, chamando-as e reduzindo-as, de algum modo, à sua feminilidade, pelo fato de desviar a atenção para seu penteado, ou para tal ou qual traço corporal, ou usando, para se dirigir a elas, termos familiares (o nome próprio) ou íntimos ("minha menina", "querida" etc.), mesmo em uma situação "formal" (uma médica diante de seus pacientes), ou outras tantas "escolhas" infinitesimais do inconsciente que, acumulando-se, contribuem para cons-

3 Inúmeras observadoras registraram a dissimetria entre os homens e as mulheres no que Nancy Henley chamou de "a política do toque", isto é, a facilidade e a frequência dos contatos corporais (dar um tapinha no rosto, passar o braço nos ombros ou pela cintura etc.).

truir a situação diminuída das mulheres e cujos efeitos cumulativos estão registrados nas estatísticas da diminuta representação das mulheres nas posições de poder, sobretudo econômico e político.

Realmente, não seria exagero comparar a masculinidade a uma nobreza. Para convencer-nos disso, basta observar a lógica, bem conhecida dos cabilas, do *double standard*, como dizem os anglo-saxões, que instaura uma dissimetria radical na avaliação das atividades masculinas e femininas. Além do fato de que o homem não pode, sem derrogação, rebaixar-se a realizar certas tarefas socialmente designadas como inferiores (entre outras razões porque está excluída a ideia de que ele possa realizá-las), as mesmas tarefas podem ser nobres e difíceis quando são realizadas por homens, ou insignificantes e imperceptíveis, fáceis e fúteis quando são realizadas por mulheres, como nos faz lembrar a diferença entre um cozinheiro e uma cozinheira, entre o costureiro e a costureira; basta que os homens assumam tarefas reputadas femininas e as realizem fora da esfera privada para que elas se vejam com isso enobrecidas e transfiguradas: "É o trabalho..." observa Margaret Maruani, "que se constitui sempre como diferente segundo seja efetuado por homens ou por mulheres". Se a estatística estabelece que as profissões ditas qualificadas caibam sobretudo aos homens, ao passo que os trabalhos atribuídos às mulheres sejam "sem qualificação", é em parte porque toda profissão, seja ela qual for, vê-se de certo modo qualificada pelo fato de ser realizada por homens (que, sob este ponto de vista, são todas, por definição, de qualidade).[4] Assim, do mesmo modo que a mais perfeita mestria da esgrima não bastava para abrir a um plebeu as portas da nobreza de espada, as digitadoras, cuja entrada nas profissões gráficas suscitou enormes resistências por parte dos homens, ameaçados em sua mitologia profissional do trabalho altamente qualificado, não são reconhecidas como tendo a mesma *profissão* que seus companheiros masculinos, do qual estão separadas apenas por uma simples cortina, se bem que realizem o mesmo *trabalho:* "Façam elas o que fizerem, as digitadoras serão datilógrafas e, portanto, sem qualificação alguma. Façam eles o que fizerem, os revisores serão profissionais do livro e, portanto, muito qualificados."[5] E, depois de longas lutas das mulheres para fazer reconhecer suas qualificações, as tarefas que as mudanças tecnológicas radicalmente redistribuíram entre os homens e as mulheres serão arbitrariamente recompostas, de modo a empobrecer o trabalho feminino, mantendo, decisoriamente, o valor superior do trabalho masculino.[6] Vemos que o princípio cabila de querer que o trabalho da mulher, destinado a se efetivar na casa "como a mosca no leite, sem que nada apareça

4 M. Maruani e C. Nicole, *Au Labeur des Lemmes. Métiers masculins, emplois féminins,* Paris, Syros/Alternatives, 1989, p.15.

5 *Ibid.*, pp. 34-77.

6 A perpetuação de diferenças arbitrárias pode basear-se em divisões das mais arcaicas da visão mítica, por exemplo, entre o quente e o frio, como se vê no caso da indústria de vidro, em que se observa uma separação entre o setor quente (forno e fabricação), masculino, considerado como nobre, e o setor frio (fiscalização, arte, embalagem), menos nobre e deixado a cargo das mulheres (H. Sumiko Hirata, *Paradigmes d'organisation industriels et rapports sociaux. Comporaison Brésil-France-Japan,* Paris, IRESCO, 1992).

fora",[7] fique condenado a permanecer invisível continua a aplicar-se em um contexto que parece ter-se modificado radicalmente; como o atesta também o fato de que as mulheres estão ainda muito comumente privadas do título hierárquico correspondente a sua função real.

Através das esperanças subjetivas que elas impõem, as "expectativas coletivas", positivas ou negativas, tendem a se inscrever nos corpos sob forma de disposições permanentes. Assim, segundo a lei universal de ajustamento das esperanças às oportunidades, das aspirações às possibilidades, a experiência prolongada e invisivelmente mutilada de um mundo sexuado de cima a baixo tende a fazer desaparecer, desencorajando-a, a própria inclinação a realizar atos que não são esperados das mulheres — mesmo sem estes lhes serem recusados. Como o demonstra o seguinte testemunho sobre as mudanças nas disposições que vão acompanhando a mudança de sexo, aquela experiência favorece o aparecimento de uma "impotência aprendida" (*learned helplessness*): "Quanto mais eu era tratada como uma mulher, mais eu me tornava mulher. Eu me adaptava, com maior ou menor boa vontade. Se acreditavam que eu era incapaz de dar marcha à ré, ou de abrir garrafas, eu sentia, estranhamente, que me tornava incompetente para tal. Se achavam que uma mala era muito pesada para mim, inexplicavelmente, eu também achava que sim."[8] Magnífica recordação, tornada possível

---

7 P. Bourdieu, *Le Sens pratique*, *op. cit.*, p. 450.

8 J. Morris, *Conundrum*, Nova York, Harcourt, Brace, Jovanovich, 1974, pp. 165-166.

pela comparação com esta espécie de efeito Pigmalião invertido ou negativo, que se exerce tão precoce e tão continuamente sobre as mulheres e que acaba passando totalmente despercebido (penso, por exemplo, na maneira pela qual os pais, professores e colegas desestimulam — ou melhor, não estimulam — a orientação das meninas para certas carreiras, sobretudo as técnicas ou científicas: "Os professores dizem sempre que somos mais frágeis e então... acabamos acreditando nisso", "Passam o tempo todo repetindo que as carreiras científicas são mais fáceis para os meninos. Então, forçosamente..."). E compreendemos que, por essa lógica, a própria proteção "cavalheiresca", além de poder conduzir a seu confinamento ou servir para justificá-lo, pode igualmente contribuir para manter as mulheres afastadas de todo contato com todos os aspectos do mundo real "para os quais elas não foram feitas" porque eles não foram feitos para elas.

Todas as chamadas à ordem inscritas na ordem das coisas, todas as injunções silenciosas ou as surdas ameaças inerentes à marcha normal do mundo, especificam-se, evidentemente, segundo os campos, e a diferença entre os sexos se apresenta para as mulheres em cada um deles sob formas específicas, através, por exemplo, da *definição dominante da prática*, que é corrente e que ninguém pensa em apreender como sexuada e, portanto, pôr em questão. É característico dos dominantes estarem prontos a fazer reconhecer sua maneira de ser particular como universal. A definição de excelência está, em todos os aspectos, carregada de implicações masculinas, que têm a particularidade de não se mostrarem como tais.

A definição de um cargo, sobretudo de autoridade, inclui todo tipo de capacitações e aptidões sexualmente conotadas: se tantas posições dificilmente são ocupadas por mulheres é porque elas são talhadas sob medida para homens cuja virilidade mesma se construiu como oposta às mulheres tais como elas são hoje. Para chegar realmente a conseguir uma posição, uma mulher teria que possuir não só o que é explicitamente exigido pela descrição do cargo, como também todo um conjunto de propriedades que os ocupantes masculinos atribuem usualmente ao cargo, uma estatura física, uma voz ou aptidões como a agressividade, a segurança, a "distância em relação ao papel", a autoridade dita natural etc., para as quais os homens foram preparados e treinados tacitamente enquanto homens.

Em outros termos, as normas pelas quais as mulheres são medidas nada têm de universais. O feminismo dito *universalista*, por ignorar o efeito de dominação, e tudo aquilo que a universalidade aparente do dominante deve à sua relação com o dominado — no caso, tudo que diz respeito à virilidade —, inscreve na definição universal do ser humano propriedades históricas do homem viril, construído em oposição às mulheres. Mas a visão dita *diferencialista*, por ignorar, igualmente, o que a definição dominante deve à relação histórica de dominação e à busca da diferença que lhe é constitutiva (o que é, apesar de tudo, a virilidade senão uma não feminilidade?), não escapa também, em sua preocupação de revalorizar a experiência feminina, a uma forma abrandada de essencialismo: assim como a negritude à maneira de Senhor aceitava alguns traços da definição dominante do Negro, como a sensibilidade, ela esquece que a "diferença" só surge quando se assume sobre o dominado o ponto de vista do dominante, e que aquilo mesmo de que ela pretende se diferenciar (exaltando, por exemplo, como Chodorow, a *relatedness* por oposição à *separatedness* masculina ou, como certas advogadas da escritura feminista, uma relação particular com o corpo) é produto de uma relação histórica de diferenciação.

O SER FEMININO COMO SER PERCEBIDO

Tudo, na gênese do *habitus* feminino e nas condições sociais de sua realização, concorre para fazer da experiência feminina do corpo o limite da experiência universal do corpo-para-o-outro, incessantemente exposto à objetivação operada pelo olhar e pelo discurso dos outros. A relação com o próprio corpo não se reduz a uma "imagem do corpo", isto é, à representação subjetiva (*self-image* ou *looking-glass self*), associada a um determinado grau de *self-esteem*, que um agente tem de seus efeitos sociais (de sua sedução, de seu charme etc.) e que se constitui essencialmente a partir da representação objetiva do corpo, *feedback* reenviado pelos outros (pais e pares etc.). Semelhante modelo esquece que toda a estrutura social está presente no curso da interação, sob a forma de esquemas de percepção e de apreciação inscritos no corpo dos agentes em interação. Estes esquemas, nos quais um grupo deposita suas estruturas fundamentais (tais como grande/pequeno, forte/fraco, grosso/fino etc.), interpõem-se desde a origem entre cada agente e seu corpo, porque as reações ou as representações que seu corpo suscita nos outros e sua própria percepção dessas reações são elas mesmas construídas sobre tais esquemas: uma reação produzida a partir das oposições grande/pequeno, masculino/feminino (como todos os juízos do tipo "ela é muito grande para uma menina", ou "é aborrecida para uma menina", ou "para um menino isto não é grave", variante da expressão cabila "não há nunca tara no caso de um homem") é ocasião de adquirir os esquemas referidos que, voltados pelo próprio sujeito sobre seu próprio corpo, produzirão a mesma reação, e de experimentar a experiência prática do próprio corpo que eles acarretam.

Assim, o corpo percebido é duplamente determinado socialmente. Por um lado, ele é, até naquilo que parece mais natural (seu volume, seu talhe, seu peso, sua musculatura etc.), um produto social, que depende de suas condições sociais de produção, através de diversas mediações, tais como as condições de trabalho (que abrangem as deformações e as doenças profissionais por ele geradas) e os hábitos alimentares. O *hexis* corporal, no qual entram, ao mesmo tempo, a conformação propriamente física do corpo (o "físico") e a maneira de se servir dele, a postura, a atitude, ao que se crê expressa o "ser profundo", a "natureza" da "pessoa" em sua verdade, segundo o postulado da correspondência entre o "físico" e o "moral", nascido do conhecimento prático ou racionalizado que permite associar propriedades "psicológicas" e "morais" a traços corporais ou fisiognomônicos (um corpo delgado e esbelto, por exemplo, percebido como sinal de um controle viril de apetites corporais). Mas essa linguagem da natureza, que se acredita trair o mais oculto e o mais verdadeiro ao mesmo tempo, é, de fato, uma linguagem da identidade social, assim naturalizada, sob forma, por exemplo, da "vulgaridade" ou da "distinção" ditas naturais.

Por outro lado, essas propriedades corporais são apreendidas através de esquemas de percepção cujo uso nos atos de avaliação depende da posição ocupada no espaço social: as taxinomias em vigor tendem a contrapor, hierarquizando-as, as propriedades mais frequentes entre os dominantes e as que são mais frequentes entre os dominados (magro/gordo, grande/pequeno, elegante/grosseiro, leve/pesado etc.).[9] A representação social do próprio corpo é, assim, obtida através da aplicação de uma taxinomia social, cujo princípio é idêntico ao dos corpos aos quais se aplica.[10] Assim, o olhar não é apenas um simples poder universal e abstrato de

---

9 É um mecanismo desse tipo que Dominique Merllié põe em foco ao submeter à análise a percepção diferenciada que os meninos e as meninas têm da diferença entre as escrituras masculinas e femininas (cf. D. Merllié, *art. cit.*).

10 Assim, os corpos teriam todas as chances de receber um valor estritamente proporcional à posição de seus detentores no espaço social se a autonomia da lógica da hereditariedade biológica em relação à lógica da hereditariedade social não concedesse, por vezes, excepcionalmente, aos mais desfavorecidos econômica e socialmente as propriedades corporais mais raras, como a beleza (que ora se diz "fatal" porque ameaça a ordem estabelecida), e se, pelo contrário, os acidentes da genética não privassem por vezes os "grandes" dos atributos corporais de sua posição, como a beleza ou uma estatura elevada.

objetivação, como supõe Sartre; é um poder simbólico cuja eficácia depende da posição relativa daquele que percebe e daquele que é percebido, e do grau em que os esquemas de percepção e de apreciação postos em ação são conhecidos e reconhecidos por aquele a quem se aplicam.

A experiência prática do corpo, que se produz na aplicação, ao corpo próprio, de esquemas fundamentais nascidos da incorporação das estruturas sociais, e que é continuamente reforçada pelas reações, suscitadas segundo os mesmos esquemas que o próprio corpo suscita nos outros, é um dos princípios da construção, em cada agente, de uma relação duradoura para com seu corpo: sua maneira particular de aprumar o corpo, de apresentá-lo aos outros, expressa, antes de mais nada, a distância entre o corpo praticamente experimentado e o corpo legítimo, e, simultaneamente, uma antecipação prática das possibilidades de sucesso nas interações sociais, que contribui para definir essas possibilidades (pelos traços comumente descritos como segurança, confiança em si, desenvoltura). A probabilidade de vivenciar com desagrado o próprio corpo (forma característica da experiência do "corpo alienado"), o mal-estar, a timidez ou a vergonha são tanto mais fortes quanto maior a desproporção entre o corpo socialmente exigido e a relação prática com o próprio corpo imposta pelos olhares e as reações dos outros. Ela varia nitidamente segundo o sexo e a posição no espaço social. Assim, a oposição entre o grande e o pequeno que, como inúmeras experiências demonstraram, é um dos princípios fundamentais da experiência que os agentes têm de seu corpo e de todo o uso prático que dele fazem, e principalmente do lugar que lhe dão[11] (a representação comum concedendo ao homem a posição dominante, a do protetor que envolve, toma conta, olha de cima etc.),[12] especifica-se segundo os sexos, que são eles próprios pensados através dessa oposição. Segundo uma lógica que se observa também nas relações entre dominantes e dominados, dentro do espaço social, e que faz com que uns e outros ponham em ação a mesma oposição, *mas dando valores inversos aos termos que ela contrapõe,* constatamos, como o faz Seymour Fisher, que os homens tendem a se mostrar insatisfeitos com as partes de seu corpo que consideram "pequenas demais", ao passo que as mulheres dirigem suas críticas sobretudo às regiões de seu corpo que lhes parecem "demasiado grandes".

A dominação masculina, que constitui as mulheres como objetos simbólicos, cujo ser (*esse*) é um ser-percebido (*percipi*), tem por efeito colocá-las em permanente estado de insegurança corporal, ou melhor, de dependência simbólica: elas existem primeiro pelo, e para, o olhar dos outros, ou seja, enquanto objetos receptivos, atraentes, disponíveis. Delas se espera que sejam "femininas", isto é, sorridentes, simpáticas, atenciosas, submissas, discretas, contidas ou até mesmo apagadas. E a pretensa "feminilidade" muitas vezes

---

11 Cf. sobre este aspecto S. Fisher e C. E. Cleveland, *Body Image and Personality,* Princeton, Nova York, Van Nostrand, 1958.

12 Sobre esta relação de envolvimento protetor, tal como vem expressa na publicidade, cf. E. Goffman, "La ritualisation de la féminité", *Actes de la recherche en sciences sociales,* 14, 1977, pp. 34-50.

não é mais que uma forma de aquiescência em relação às expectativas masculinas, reais ou supostas, principalmente em termos de engrandecimento do ego. Em consequência, a dependência em relação aos outros (e não só aos homens) tende a se tornar constitutiva de seu ser.

Essa *heteronomia* é o princípio de disposições como o desejo de atrair a atenção e de agradar, designado por vezes como coqueteria, ou a propensão a esperar muito do amor, o único capaz, como diz Sartre, de fazer alguém sentir-se justificado nas particularidades mais contingentes de seu ser, e antes de tudo de seu corpo.[13] Incessantemente sob o olhar dos outros, elas se veem obrigadas a experimentar constantemente a distância entre o corpo real, a que estão presas, e o corpo ideal, do qual procuram infatigavelmente se aproximar.[14] Tendo necessidade do olhar do outro para se constituírem, elas estão continuamente orientadas em sua prática pela avaliação antecipada do apreço que sua aparência corporal e sua maneira de portar o corpo e exibi-lo poderão

13 Se as mulheres se mostram particularmente inclinadas ao amor romântico, é, sem dúvida, por um lado, porque elas têm nele particular interesse: além do fato de prometer liberá-las da dominação masculina, ele lhes oferece, tanto em sua forma mais comum, como o casamento, pelo qual, nas sociedades masculinas, elas circulam em todos os lugares, como em suas formas extraordinárias, uma via, às vezes a única, de ascensão social.

14 Os tratamentos de beleza que absorvem muito tempo, dinheiro e energia (em graus diferentes, segundo as classes) têm seu limite extremo na cirurgia estética, que se tornou uma enorme indústria nos Estados Unidos (um milhão e meio de pessoas recorrem a cada ano a seus serviços — cf. S. Bordo, *Unbearable Weight, Feminism, Western Culture and the Body*, Berkeley, University of California Press, 1993, p. 25).

receber (daí uma propensão, mais ou menos marcada, à autodepreciação e à incorporação do julgamento social sob forma de desagrado do próprio corpo ou de timidez).

É na pequena burguesia, que, devido à sua posição no espaço social, está particularmente exposta a todos os efeitos da ansiedade em relação ao olhar social, que as mulheres atingem a forma extrema da alienação simbólica. (O que significa que os efeitos da posição social podem, em certos casos, como os citados, reforçar efeitos do mesmo gênero ou, em outros casos, atenuá-los, sem nunca, ao que parece, chegar a anulá-los.) *A contrario*, a prática intensiva de um determinado esporte determina nas mulheres uma profunda transformação da experiência subjetiva e objetiva do corpo: deixando de existir apenas para o outro ou, o que dá no mesmo, para o espelho (instrumento que permite não só se ver, mas também experimentar ver como é vista e se fazer ver como deseja ser vista), isto é, deixando de ser apenas uma coisa feita para ser olhada, ou que é preciso olhar visando a prepará-la para ser vista, ela se converte de corpo-para-o-outro em corpo-para-si-mesma, de corpo passivo e agido em corpo ativo e agente; no entanto, aos olhos dos homens, aquelas que, rompendo a relação tácita de disponibilidade, reapropriam-se de certa forma de sua imagem corporal e, no mesmo ato, de seus corpos são vistas como "não femininas" ou até como lésbicas — a afirmação de independência intelectual, que se traduz também em manifestações corporais, produzindo efeitos em tudo semelhantes.[15] De maneira mais geral, o acesso ao poder, seja ele qual for, coloca as mulheres em situação de *double bind:* se atuam como homens, elas se expõem a perder os atributos obrigatórios da "feminilidade" e põem em questão o direito natural dos homens às posições de poder; se elas agem como mulheres, parecem incapazes e inadaptadas à situação. Essas expectativas contraditórias não fazem mais que substituir aquelas às quais elas são estruturalmente expostas enquanto objetos oferecidos no mercado de bens simbólicos, convidadas, ao mesmo tempo, a fazer tudo para agradar e seduzir, e levadas a rejeitar as manobras de sedução que esta espécie de submissão prejudicial ao veredicto do olhar masculino pode parecer ter suscitado. Essa contraditória combinação de fechamento e abertura, de contenção e sedução, é tanto mais difícil de realizar quanto mais estiver submetida à apreciação dos homens, que podem cometer erros de interpretação, inconscientes ou interessados. É assim que, como observou uma pesquisada, diante das brincadeiras sexuais, as mulheres muitas vezes não têm outra escolha senão a de se excluir, ou de participar, pelo menos passivamente, para tentar se integrar, expondo-se, então, a não poder protestar se forem vítimas de sexismo ou de assédio sexual.

Sandra Lee Bartky, que propõe uma das mais argutas descrições da experiência feminina do corpo, erra, a meu ver, ao atribuir apenas à ação, sem dúvida muito importante,

---

15 *Cf.* C. A. MacKinnon, *op. cit*, pp. 121 e seg.

do "complexo moda/beleza" (*fashion beauty complex*) a introjeção, nas mulheres, de "profundas ansiedades a respeito de seu corpo" e de um "sentimento agudo de sua indignidade corporal".[16] Embora o efeito dessas instituições seja inegável, não se trata mais que de um reforço do efeito da relação fundamental que institui a mulher na posição de ser-percebido, condenado a se ver através das categorias dominantes, isto é, masculinas. E para compreender a "dimensão masoquista" do desejo feminino, isto é, esta espécie de "erotização das relações sociais de dominação",[17] que faz com que, como diz ainda Sandra Lee Bartky, "para muitas mulheres, a posição dominante dos homens seja excitante",[18] é preciso levantar a hipótese de que as mulheres pedem aos homens (e também, mas secundariamente, às instituições do complexo moda/beleza) que lhes ofereçam subterfúgios para reduzir seu "sentimento de deficiência corporal". Ora, podemos supor que o olhar dos poderosos, que tem autoridade sobretudo sobre os outros homens, é particularmente apto a preencher esta função reasseguradora.[19]

---

16 S. Lee Bartky. *Feminity and Domination, Studies in the Phenamenology of Oppression*, Nova York-Londres, Routledge, 1990, p. 41.

17 *Ibid.*, p. 51.

18 *Ibid.*, p. 51 e também p. 47.

19 O dominante tem, principalmente, o poder de impor sua visão de si mesmo como algo objetivo e coletivo (sendo seu auge representado pelas estátuas equestres ou pelos retratos majestáticos), e de obter dos outros que, tal como se dá no amor ou na crença, eles abdiquem de seu poder genérico de objetivação, constituindo-se, assim, em sujeito absoluto, sem exterior, plenamente justificado de existir tal como existe.

A estrutura impõe suas pressões aos dois termos da relação de dominação, portanto aos próprios dominantes, que podem disto se beneficiar, por serem, como diz Marx, "dominados por sua dominação". E isso porque, como já o demonstram sobejamente todos os jogos associados à oposição do grande e do pequeno, os dominantes não podem deixar de aplicar a si mesmos, isto é, a seu corpo e a tudo aquilo que são e fazem, os esquemas do inconsciente; esquemas que, em seu caso, engendram exigências terríveis — como pressentem, ou reconhecem tacitamente, as mulheres que não querem um marido menor do que elas. Temos, portanto, que analisar, em suas contradições, a experiência masculina da dominação, tomando como referência Virginia Woolf — embora menos a autora de seus clássicos, incansavelmente citados, do feminismo, que são *Um teto todo seu* ou Os *três guinéus,* e mais a romancista de *Ao farol,* que, graças sem dúvida à anamnese propiciada pelo trabalho de escrever,[20] oferece uma evocação das relações entre os sexos desembaraçada de todos os clichês sobre o sexo, o dinheiro e o poder que seus textos mais teóricos ainda veiculam. Podemos realmente descobrir, por sob essa narrativa, uma

20 Virginia Woolf tinha consciência do paradoxo, que só poderá surpreender os que têm da literatura e de suas vias para a verdade uma visão simplista: "*I prefer, where truth is important, to write fiction.*" (V. Woolf, *The Pargiters,* Nova York, Harcourt, Brace Jovanovich, 1977, p. 9) Ou então: "*Fiction here is likely to contain more truth than facts.*" (V. Woolf, *A Room of One's Own,* Londres, Leonard and Virginia Woolf, 1935, p. 7).

evocação incomparavelmente lúcida do olhar feminino, ele mesmo particularmente lúcido com relação a essa espécie de esforço desesperado, e bastante patético, mesmo em sua triunfal inconsciência, que todo homem tem que fazer para estar à altura de sua ideia infantil de homem.

É essa lucidez inquieta e indulgente que Virginia Woolf evoca, desde as primeiras páginas do romance. É provável, de fato, que, à diferença da Sra. Ramsay, que teme que seu marido tenha sido escutado, a maioria dos leitores, sobretudo masculinos, não compreenda, ou não perceba, a uma primeira leitura, a situação estranha, ou até mesmo um tanto ridícula, em que se meteu o Sr. Ramsay: "Súbito um grito violento, semelhante ao de um sonâmbulo semidesperto, no qual se distinguia algo como 'sob as balas, sob os obuses, saraivada ardente', ressoou com extrema intensidade em seus ouvidos e a fez voltar-se, muito inquieta, para ver se alguém havia escutado seu marido."[21] E é provável que eles ainda não compreendam quando, algumas páginas adiante, o Sr. Ramsay é surpreendido por outros personagens, Lily Briscoe e seu amigo. É só pouco a pouco, através de visões diversas que os diferentes personagens dele puderam ter, que eles compreenderão a conduta do Sr. Ramsay e a inquietação de sua mulher a seu respeito: "E seu hábito de falar sozinho

21 V. Woolf, *La Promenade au phare, op. cit.*, p. 24. Embora, na leitura do romance, isto só se compreenda pouco a pouco, é bom saber que o Sr. Ramsay, um professor que vive cercado de alunos e de colegas, foi surpreendido no momento em que estava declamando em voz alta o famoso poema de Tennyson intitulado "A carga da brigada ligeira".

ou de recitar para si mesmo versos grandiloquentes, como ela temera, estava sendo crescente. E disso resultando situações embaraçosas".[22] O Sr. Ramsay, que havia surgido nas primeiras páginas do romance como um poderoso personagem masculino, e paternal, é pego em flagrante delito de infantilidade.

Toda a lógica do personagem reside nesta aparente contradição. O Sr. Ramsay, tal como o rei arcaico de que fala Benveniste em seu *Vocabulário das Instituições Indo-europeias*, é aquele cujas palavras são *veredictos;* aquele que pode aniquilar com uma frase a "alegria extraordinária" de seu filho James, de seis anos, inteiramente voltado para o passeio ao farol no dia seguinte ("Mas", diz o pai, detendo-se diante da janela do salão, "não vai fazer tempo bom"). Suas previsões têm o poder de se verem confirmadas, no sentido literal, ou seja, de se mostrarem "verdadeiras": seja por atuarem como ordens, bênçãos ou maldições que fazem acontecer, magicamente, o que elas enunciam; seja porque, por um efeito infinitamente mais temível, elas enunciam o que se anuncia por signos acessíveis somente à presciência do visionário quase divino, daquele que é capaz de dar razão ao mundo, de redobrar a força das leis da natureza natural ou social convertendo-as em leis da razão e da experiência, em enunciados ao mesmo tempo racionais e razoáveis da ciência e da sabedoria. Previsão científica, a constatação imperativa da profecia paterna remete o futuro ao passado; previdência

---

22 *Ibid.*, p. 87.

da sabedoria, ela dá a este futuro ainda irreal a sanção da experiência e do conformismo absoluto que ela implica.

É principalmente por intermédio daquele que detém o monopólio da violência simbólica legítima (e não apenas da potência sexual) dentro da família que se exerce a ação psicossomática que leva à somatização da lei. As proposições paternas têm um efeito mágico de constituição, de nominação criadora, porque falam diretamente ao corpo, que, como lembrou Freud, toma ao pé da letra as metáforas; e, se as "vocações" parecem em geral tão espantosamente ajustadas aos lugares efetivamente acessíveis (segundo o sexo, mas também segundo o nível do nascimento e de inúmeras outras variáveis), isto se deve, sem dúvida, em grande parte, ao fato de que, mesmo quando parecem obedecer apenas à arbitrariedade do prazer, os ditos e os juízos da *paterna potestas* que contribuem grandemente para modelá-los emanam de um personagem que é, ele próprio, modelado por, e para, as censuras da necessidade e levado, por tal, a considerar o princípio de realidade como princípio de prazer.

Adesão incondicional à ordem das coisas, o corte paterno se opõe à compreensão materna, que objeta ao veredicto paterno uma contestação da necessidade e uma afirmação da contingência baseadas em um puro ato de fé ("Mas *pode* fazer tempo bom, eu *acho* que fará bom tempo");[23] e acrescenta uma adesão de evidência à lei do desejo e do prazer, mas contida em uma dupla concessão condicional

23 *Ibid.*, p. 11 (grifos do autor).

ao princípio de realidade: "'Sim, com certeza, se o tempo estiver bom amanhã', diz a Sra. Ramsay. 'Mas você vai ter que se levantar de madrugada', acrescenta ela." O *não* do pai não precisa ser expresso, nem se justificar: não há, para qualquer pessoa sensata ("tenha senso", "mais tarde você vai compreender"), outra escolha a não ser a de se inclinar, sem frases, diante da força maior das coisas. A palavra paterna é particularmente terrível em sua implacável solicitude quando ela se coloca na lógica da predição profilática, que só fala de um futuro temível para exorcizá-lo ("você vai se dar mal", "você vai desonrar a todos nós", "você nunca vai conseguir se formar" etc.) e cuja contínua confirmação nos fatos é motivo para um triunfo retrospectivo ("bem que eu disse"), compensação desencantada do sofrimento causado pela decepção de não ter sido desenganado ("eu esperava que você me desmentisse").

É esse realismo desmancha-prazeres e cúmplice da ordem do mundo que desencadeia o ódio ao pai, ódio dirigido, como na revolta adolescente, menos contra a necessidade que o discurso paterno pretende desvelar e mais contra a adesão arbitrária ao que o pai todo-poderoso lhe exige, provando assim sua fragilidade: fragilidade da cumplicidade resignada que concorda sem resistência; fragilidade da complacência que extrai satisfação e vaidade do prazer cruel de *desiludir*, isto é, de fazer partilhar de sua própria desilusão, de sua própria resignação, de sua própria derrota. "Se James tivesse à mão um machado, um atiçador ou qualquer outro instrumento capaz de abrir o peito de seu pai e matá-lo ali mesmo, com um único golpe, ele o teria usado. Tais eram, e tão extremas, as emoções que o Sr. Ramsay despertava no coração de seus filhos apenas com sua presença, quando se colocava de pé diante deles, como o fazia atualmente, *magro* como uma *faca*, *fino* como uma *lâmina*, com o sorriso sarcástico que nele provocava não só o prazer de desiludir o filho e ridicularizar a mulher, que lhe era, no entanto, dez mil vezes superior em todos os pontos (aos olhos de James), como também a secreta vaidade que tinha da *justeza* do próprio julgamento."[24] As revoltas mais radicais da infância e da adolescência são, talvez, menos voltadas contra o pai que contra a submissão espontaneamente prestada ao pai que submete, contra o movimento imediato para lhe obedecer e render-se a suas razões.

Nesse aspecto, graças à indeterminação que o uso do estilo indireto livre permite, passamos insensivelmente do ponto de vista dos filhos sobre o pai ao ponto de vista do pai sobre si mesmo. Ponto de vista que não tem, na realidade, nada de pessoal, pois, como ponto de vista dominante e legítimo, não é mais que a alta ideia de si mesmo que tem o direito e o dever de formar a seu respeito aquele que pretende realizar em seu ser o dever-ser que o mundo social lhe destina — no caso, o ideal de homem e de pai que ele tem que realizar: "O que ele dizia era a verdade. Era sempre a verdade. Ele era incapaz de não dizer a verdade; ele nunca alterava um fato, nunca mudava uma palavra desagradável, para conforto ou

24 *Ibid.*, p. 10 (grifos do autor).

concordância de qualquer alma viva, nem, ou principalmente, de seus próprios filhos, carne de sua carne, e educados visando a que soubessem o mais cedo possível que a vida é difícil, que os fatos não admitem compromisso e que a passagem ao país fabuloso em que nossas mais brilhantes esperanças se desfazem, em que nossos frágeis barcos são engolidos pelas trevas (ao chegar a este ponto o Sr. Ramsay *endireitava o corpo e fixava o horizonte*, apertando seus pequenos olhos azuis) representa uma prova que exige antes de tudo coragem, sinceridade e resistência."[25]

Vista por este ângulo, a dureza gratuita do Sr. Ramsay deixa de ser resultante de uma pulsão tão egoísta quanto a do prazer de desiludir: ela é a afirmação livre de uma escolha, a da retidão, e também a do amor paterno bem-compreendido, que, recusando abandonar-se à censurável facilidade da indulgência feminina e à cegueira materna, tem que se mostrar a expressão da necessidade do mundo no que ela tem de mais impiedosa. É, sem dúvida, isso que significa a metáfora da faca ou da lâmina, que uma interpretação ingenuamente freudiana reduziria e que, como entre os cabilas, situa o papel masculino — o termo e a metáfora teatrais aqui se impõem, mais uma vez — do lado do corte, da violência, do assassinato, isto é, do lado de uma ordem cultural construída contra a fusão original com a natureza materna e contra o abandono ao *laisser-faire* e ao *laisser-aller*, às pulsões e aos impulsos da natureza feminina. Começamos a suspeitar

25 *Ibid.*, pp. 10-11 (grifo do autor).

que o carrasco é também vítima e que a palavra paterna se arrisca, pelo próprio fato de ser poderosa, a converter a probabilidade em fatalidade.

Essa impressão se aprofunda quando se descobre que o pai inflexível, que, em uma frase sem apelo, acaba de matar os sonhos de seu filho, foi surpreendido divertindo-se como uma criança, mostrando aos que se viram "introduzidos em um recinto privado", Lily Briscoe e seu amigo, "uma coisa que não se tinha intenção de lhes mostrar":[26] as fantasias da *libido academica,* que se expressam metaforicamente nos jogos de guerra. Mas é preferível citar todo o longo devaneio que o poema de Tennyson desencadeia no Sr. Ramsay e no qual a evocação da aventura guerreira — a carga no vale da Morte, a batalha perdida e o heroísmo do chefe ("Mas ele não queria morrer *escondido:* ele encontraria alguma aresta do rochedo e aí morreria *de pé,* com os *olhos fixos* na tempestade...") — mescla-se intimamente com o pensamento ansioso quanto ao destino póstumo do filósofo ("o Z só se atinge uma vez em cada geração", "Ele jamais atingiria o R"): "Quantos homens, entre milhões, perguntava-se ele, chegam a atingir o Z? Sem dúvida o comandante de uma coluna infernal pode se fazer essa pergunta e responder, sem trair os que o seguem: 'Um, talvez'. *Um em cada geração.* Pode ele, então, ser culpado se for este um? Desde que ele tenha sinceramente se esforçado, e *dado tudo que podia,* até não ter mais o que dar? E seu *renome,* quanto tempo há de durar? Mesmo um

---

26 Ibid., p. 27.

herói pode se perguntar, no momento da agonia, o que vão dizer dele após sua morte. Seu renome poderá durar dois mil anos. [...] Como, então, culpar o comandante dessa coluna infernal que, apesar de tudo, subiu *suficientemente alto* para ver a perspectiva estéril dos anos e a morte das estrelas se, antes que a morte enrijeça seus membros e lhe impeça até o movimento, ele ergue solenemente seus dedos já quase paralisados até *a fronte* e *se reapruma*? É assim que a expedição de socorro que se pôs à sua procura o encontrará morto, em seu posto de *grande soldado.* O Sr. Ramsay ficou *de pé* e se colocou *muito espigado* ao lado da urna. Quem o culpará se, enquanto assim fica por instantes, seu pensamento se detém em seu *renome*, nas expedições de socorro, nas *pirâmides* de pedra erguidas sobre sua ossada por *discípulos agradecidos?* Enfim, quem culparia o comandante da infeliz expedição se..."[27]

A técnica de fusão de sequências, tão cara a Virginia Woolf, aqui se ajusta às mil maravilhas. A aventura guerreira e o renome que a consagra como uma metáfora da aventura intelectual e do capital simbólico de celebridade que ela persegue, a *illusio* lúdica permite reproduzir, com alto grau de desrealização e, portanto, com menor custo, a *illusio* acadêmica da existência comum, com seus lances vitais e seus

27 *Ibid.*, pp. 45-46 (grifos do autor). Seria necessário reintroduzir aquela evocação da *libido academica*, que pode se expressar acobertada pela neutralização literária, na base mesma das análises do campo universitário, tais como elas se apresentam em *Homo academicus* (P. Bourdieu, Paris, Éditions de Minuit, 1984).

investimentos apaixonados — tudo aquilo que movimenta as discussões do Sr. Ramsay e de seus discípulos: ela autoriza o trabalho de desinvestimento parcial e controlado que é necessário para assumir e superar a desilusão ("Ele não tinha talento; ele não tinha a menor pretensão neste sentido"),[28] salvando igualmente a *illusio* fundamental, o investimento no jogo em si, a convicção de que, apesar de tudo, o jogo merece ser jogado até o fim, e segundo as regras (pois, ao final, o último dos não graduados sempre pode, pelo menos, "morrer de pé"...). Esse investimento visceral, cuja expressão é basicamente uma questão de *postura*, realiza-se em poses, posições ou gestos corporais que estão todos orientados no sentido da inteireza, da retidão, da ereção do corpo ou de seus substitutos simbólicos, a pirâmide de pedra, a estátua.

A *illusio* original, constitutiva da masculinidade, está sem dúvida na base da *libido dominandi*, sob todas as formas específicas que ela reveste nos diferentes campos.[29] É ela que faz com que os homens (ao contrário das mulheres) sejam socialmente instituídos e instruídos de modo a se deixarem prender, como crianças, em todos os jogos que lhes são socialmente destinados e cuja forma por excelência é a guerra. Ao deixar-se surpreender sonhando acordado com algo que trai a vaidade pueril de seus investimentos mais profundos, o Sr. Ramsay desvela, repentinamente, que os jogos a que se

28 V. Woolf, *La Promenade au phare, op. cit.*, p. 44.

29 Cf. a esse respeito P. Bourdieu, *Méditations pascaliennes*, Paris, Éditions du Seuil, 1997. pp. 199 e seg.

entrega, como os outros homens, são jogos infantis — o que não se percebe em toda a sua verdade exatamente porque a *conivência coletiva* lhes confere a necessidade e a realidade das evidências partilhadas. O fato de que, entre os jogos constitutivos da existência social, os que são considerados sérios sejam reservados aos homens, enquanto as mulheres são voltadas às crianças e à criancice ("sem replicar, e assumindo a atitude de uma pessoa tonta e cega, ela abaixou a cabeça[...]. Não havia nada a dizer",[30]) contribui para fazer esquecer que o homem é, também, uma criança que brinca de ser homem. A alienação genérica está na base de seu privilégio específico: os homens são educados no sentido de reconhecer os jogos sociais que apostam em uma forma qualquer de dominação; jogos estes que lhes são designados desde muito cedo, e sobretudo pelos ritos de instituição, como dominantes, e dotados, a este título, *da libido dominandi;* o que lhes dá o privilégio, que é uma faca de dois gumes, de se entregarem seguidamente aos jogos de dominação.

Por sua vez, as mulheres têm o privilégio, *inteiramente negativo,* de não serem enganadas nos jogos em que se disputam esses privilégios e, na maior parte das vezes, de não se verem aí apanhadas, pelo menos diretamente, em primeira pessoa. Elas podem até perceber a vaidade daqueles jogos e, desde que não se envolvam neles por procuração, considerar com divertida indulgência os desesperados esforços do "homem-criança" para se fazer de homem e o infantil de-

30 V. Woolf, *La Promenade* au *phare, op. cit.,* p. 41.

sespero em que o deixam suas derrotas. Elas podem assumir em relação aos jogos mais sérios o ponto de vista distante do espectador que observa de longe a tempestade — o que pode fazer com que venham a ser vistas como frívolas e incapazes de se interessar por coisas sérias, tais como a política. Mas sendo essa distância um efeito da dominação, elas estão quase sempre condenadas a participar, por uma solidariedade afetiva para com o jogador, que não implica uma verdadeira participação intelectual e afetiva no jogo, e que faz delas, na maior parte das vezes, torcedoras incondicionais, porém mal informadas sobre a realidade do jogo e seus lances.[31]

É por isso que a Sra. Ramsay compreende imediatamente a situação embaraçosa em que seu marido se meteu ao recitar em voz alta "A carga da brigada ligeira". Ela teme menos o sofrimento que pode causar a ele o ridículo de ter sido assim flagrado do que o que está na origem desta sua estranha conduta. Todo o seu comportamento o expressará quando, magoado e assim reduzido à sua verdade de criança grande, o pai severo, que acabara de ceder a seu gosto (compensatório) de "desiludir seu filho e ridicularizar sua esposa",[32] vem pedir sua compaixão para com um sofrimento nascido da *illusio* e da desilusão: "Ela acariciou a testa de James, trans-

31 O que fica particularmente evidente na participação que as jovens das camadas populares têm nas "paixões esportivas de seus homens" — e que, devido a seu caráter afetivo e de autodecisão, só pode ser vista por eles como frívola ou até como absurda. Do mesmo modo, aliás, que a atitude oposta, mais frequente depois do casamento, isto é, a hostilidade ciumenta em relação a uma paixão por coisas às quais elas não têm acesso.

32 V. Woolf, *La Promenade au phare*, op. *cit*., p. 47.

ferindo para seu filho os sentimentos que tinha para com seu marido."[33] Por uma dessas condensações que a lógica da prática autoriza, a Sra. Ramsay, em um gesto de proteção afetuosa para o qual a preparou e destinou todo o seu ser social,[34] identifica o homenzinho que acaba de descobrir a insuportável negatividade do real e o adulto que aceita deixar ver toda a verdade do desnorteamento, aparentemente incomensurável, em que o atirou seu "desastre". Lembrando explicitamente seu veredicto a respeito do passeio ao farol e pedindo perdão à Sra. Ramsay pela brutalidade com que o proferiu (ele toca, "não sem timidez, as pernas nuas do filho" e propõe "humildemente" ir perguntar aos guardas costeiros seu parecer), o Sr. Ramsay trai claramente que aquela recusa grosseira tem relação com a ridícula cena anterior e com o jogo da *illusio* e da desilusão.[35] Mesmo tendo o cuidado de dissimular sua clarividência, e sem dúvida para proteger a dignidade do marido, a Sra. Ramsay sabe perfeitamente que o veredicto enunciado sem piedade emana de um ser lamentável que, sendo também uma vítima dos veredictos inexoráveis da realidade, precisa de compaixão; descobre-se, posteriormente, que ela conhecia perfeitamente o ponto sensível em que poderia a qualquer momento tocar

33 *Ibid.*, p. 40.

34 A função de protetora da Sra. Ramsay é, em vários momentos, lembrada, sobretudo através da metáfora da galinha que bate as asas para proteger seus pintinhos (*ibid.*, pp. 29, 30 e 31): "Ela tomava sob sua proteção todos os do sexo que não era o seu e *isto por razões de que ela mesma não podia dar-se conta.*" (p. 12, grifo do autor, e também p. 48).

35 *Ibid.*, p. 42.

seu marido: 'Ah! mas quanto tempo você acha que isso vai durar?', pergunta alguém. Era como se ela tivesse antenas que se projetassem para seu exterior, antenas que, interceptando certas frases, as impunham à sua atenção. Essa era uma delas. Ela sentiu o perigo que vinha do marido. Uma pergunta como essa conduziria, era quase certo, a alguma afirmação que o faria pensar no que sua própria carreira havia tido de fracassada. Por quanto tempo continuariam a ler suas obras?, ele se perguntaria em seguida."[36] E talvez ela assim sucumbisse a uma última estratégia: a do homem infeliz que, fazendo-se de criança, consegue despertar as tendências de compaixão maternal que são, por definição, exigidas das mulheres.[37]

Deve ser citado aqui o extraordinário diálogo em meias palavras no qual a Sra. Ramsay manipula permanentemente o marido, primeiro aceitando o lance aparente da cena doméstica, em lugar de tentar argumentar, por exemplo, sobre a desproporção entre a fúria do Sr. Ramsay e sua causa confessa. Cada uma das frases, aparentemente anódinas, dos dois locutores envolve lances muito mais amplos e mais fundamentais, e cada um dos dois adversários-parceiros sabe disso, devido a seu íntimo conhecimento, quase total,

---

36 *Ibid.*, pp. 126-127.

37 Já se observou muitas vezes que as mulheres preenchem uma função catártica e quase que terapêutica de equilíbrio da vida emocional dos homens, acalmando sua cólera, ajudando-os a aceitar as injustiças ou as dificuldades da vida (cf., por exemplo, N. M. Henley, *op. cit.*, p. 89).

de seu interlocutor; conhecimento que, à custa de um mínimo de cumplicidade com a má-fé, permite jogar no diálogo, a propósito de *nadas*, conflitos últimos sobre o *todo*. Essa lógica do todo *e* do nada deixa aos interlocutores a liberdade de escolher, a cada instante, a incompreensão mais total — que reduz o discurso adverso ao absurdo, ligando-o a seu objeto aparente (no caso, o tempo que faria no dia seguinte) —, ou a compreensão, também quase total, que é a condição tácita da disputa por subentendidos e também da reconciliação. 'Não havia a menor esperança de poder ir no dia seguinte ao farol', declarou secamente o Sr. Ramsay, tornando-se irascível. 'Como é que ele podia saber?', perguntou ela. O vento muitas vezes muda. O caráter extraordinariamente irracional dessa observação, a absurdidade do espírito feminino levaram o Sr. Ramsay a um acesso de raiva. Ele se havia atirado no vale em que a Morte está sempre à espera; ele havia sido feito em pedaços e farrapos; e eis que agora ela feria frontalmente a realidade, dando a seu filho esperanças manifestamente absurdas, *dizendo, em suma, mentiras.* Ele bateu com o pé no degrau de pedra. 'Vá debochar de você mesma!', disse ele. *Mas o que é que ela tinha dito? Simplesmente* que poderia fazer tempo bom amanhã. E isso poderia de fato acontecer. Embora não com um barômetro em baixa e um vento todo do oeste."[38]

---

38 V. Woolf, *La Promenade au phare, op. cit.*, p. 41 (grifos do autor).

A Sra. Ramsay deve sua condição de mulher à sua extraordinária perspicácia, que faz com que ela possa "arrancar o véu de cada um destes seres",[39] quando ela ouve, por exemplo, uma dessas discussões entre homens sobre assuntos futilmente sérios como as raízes cúbicas ou quadradas, Voltaire e Madame de Staël, o caráter de Napoleão ou o sistema francês de propriedade rural. Alheia aos jogos masculinos, à exaltação obsessiva do ego e às pulsões sociais que eles impõem, ela vê muito naturalmente que as tomadas de posição aparentemente mais puras e mais apaixonadas a favor ou contra Walter Scott não têm outro motivo senão o desejo de "chegar na frente" (o que é ainda um dos movimentos fundamentais do corpo, semelhante ao "fazer frente" dos cabilas), à maneira de Tansley, outra encarnação do egotismo masculino: "Ele faria sempre a mesma coisa, até que obtivesse a cátedra de professor ou se casasse; então ele não precisaria mais dizer: 'Eu, eu, eu.' Pois é a isto que se referia sua crítica ao pobre Sir Walter, ou, quem sabe, talvez fosse a Jane Austen: 'Eu, eu, eu.' Ele pensava apenas em si e na impressão que produzia; ela sabia disto pelo tom de sua voz, por sua ênfase e pela hesitação de sua fala. Sentir-se vencedor lhe faria bem."[40]

De fato, é raro as mulheres estarem suficientemente livres de total dependência, senão dos jogos sociais, pelo menos com relação aos homens que os jogam, para poderem levar o

39 *Ibid.*, pp. 125-126.
40 *Ibid.*, p. 126

desencanto a esta espécie de comiseração um tanto condescendente para com a *illusio* masculina. Toda a sua educação as prepara, pelo contrário, a entrar no jogo *por procuração*, isto é, em uma posição ao mesmo tempo exterior e subordinada, e a dedicar ao *cuidado* do homem, como a Sra. Ramsay, uma espécie de terna atenção e de confiante compreensão, geradoras *também* de um profundo sentimento de segurança.[41] Excluídas dos jogos do poder, elas são preparadas para deles participar por intermédio dos homens que neles estão envolvidos, quer se trate de seu marido, quer, como no caso da Sra. Ramsay, de seu filho: "(...) sua mãe, vendo-o manejar com destreza suas tesouras, o imaginava sentado em uma cadeira de juiz, todo em vermelho e arminho, ou dirigindo algum sério empreendimento em uma hora crítica do governo de seu país".[42]

O princípio dessas tendências afetivas reside no estatuto que é atribuído à mulher na divisão do trabalho de dominação. Diz Kant: "As mulheres não podem mais defender pessoalmente seus direitos e seus assuntos civis, assim como não lhes cabe fazer a guerra: elas só podem fazê-lo por meio de um *representante*."[43] A renúncia, que Kant imputa à na-

---

41 Inúmeras pesquisas de opinião demonstraram que as mulheres tendem a medir seu sucesso pelo de seu marido.

42 V. Woolf, *La Promenade au phare, op. cit.*, p. 10.

43 Vemos que Otto Weininger não estava totalmente errado ao invocar em seu favor a filosofia kantiana quando, depois de ter censurado as mulheres pela facilidade com que abandonam seu nome e assumem o do marido, ele concluiu que "a mulher é, por essência, sem nome e isso porque lhe falta, por natureza, personalidade". Na sequência do texto, Kant, por associação

tureza feminina, está inscrita no mais profundo das disposições constitutivas do *habitus*, uma segunda natureza que não apresenta nunca tantas aparências de natureza como quando a *libido* socialmente instituída se realiza em uma forma peculiar de *libido*, no sentido ordinário de desejo. A socialização diferencial predispõe os homens a amar os jogos de poder e as mulheres a amar os homens que os jogam; o carisma masculino é, por um lado, o charme do poder, a sedução que a posse do poder exerce, por si mesma, sobre os corpos cujas próprias pulsões e cujos desejos são politicamente socializados.[44] A dominação masculina encontra um de seus melhores suportes no desconhecimento, que favorece a aplicação, ao dominante, de categorias de pensamento engendradas na própria relação de dominação e que pode conduzir a esta forma limite do *amor fati*, que é o amor do dominante e de sua dominação, *libido dominantis* (desejo do dominante) que implica renúncia a exercer em primeira pessoa a *libido dominandi* (o desejo de dominar).

---

com o inconsciente social, passa das mulheres às "massas" (tradicionalmente pensadas como femininas) e da renúncia inscrita na necessidade de delegação à "docilidade" que leva os povos a abdicar igualmente em favor dos "pais da pátria" (E. Kant, *Anthropologie du point de vue pragmatique*, trad. de M. Foucault, Paris, Vrin, 1964, p. 77).

44 Isso contrariando a tendência a enquadrar todas as trocas sexuais do universo burocrático, sobretudo entre chefes e secretárias (cf. R. Pringle, *Secretaries Talk, Sexuality, Power and Work*, Londres-Nova York, Allen and Unwin, 1988, especialmente pp. 84-103), na alternativa do "*sexual harassment*" [assédio sexual] (sem dúvida ainda subestimado pelas denúncias mais "radicais") e do uso cínico e instrumental do charme feminino como instrumento de acesso ao poder (cf. J. Pinto, "Une relation enchantée: la secrétaire et son patron", *Actes de la recherche en sciences sociales*, 84, 1990, pp. 32-48).

3

Permanências e mudança

Seria preciso toda a acuidade de Virginia Woolf e o infinito refinamento de sua escrita para levar até as últimas consequências a análise de uma forma de dominação inscrita em toda a ordem social e operando na obscuridade dos corpos, que são, ao mesmo tempo, lugares de investimento e princípios de sua eficácia. Talvez tivéssemos que apelar também para a autoridade da autora de *Um teto todo seu* para dar alguma credibilidade à ação mobilizadora das constantes ocultas da relação de dominação sexual — tão poderosos são os fatores que, além da simples cegueira, levam a ignorá-las (como o orgulho, legítimo, do movimento feminista, que o leva a pôr em destaque os avanços obtidos com suas lutas).

Constatação realmente espantosa a da extraordinária autonomia das estruturas sexuais em relação às estruturas econômicas, dos modos de reprodução em relação aos modos de produção: o mesmo sistema de esquemas classificatórios se encontra, em seus aspectos essenciais e ultrapassando os séculos e as diferenças econômicas e sociais, nos dois extremos do espaço dos possíveis antropológicos, entre os camponeses da montanha da Cabília e entre os grandes burgueses ingleses de Bloomsbury; pesquisadores, quase sempre ligados à psicanálise, descobrem, na experiência psíquica de homens e mulheres de hoje, processos, em sua maioria muito profundamente inculcados, que — tal como o trabalho necessário para separar o menino de sua mãe ou os efeitos simbólicos da divisão sexual de tarefas e de tempos na produção e na reprodução — observam-se também claramente nas práticas rituais, realizadas pública e coletivamente, e integradas no sistema simbólico de uma sociedade organizada de cima a baixo segundo o princípio do primado da masculinidade. Como explicar que a visão androcêntrica de um mundo em que as disposições ultramasculinas encontram condições mais favoráveis à sua realização nas estruturas da atividade agrária — ordenada segundo a oposição entre o tempo de trabalho, masculino, e o tempo de produção, feminino[1] —, e também na lógica de uma economia de bens simbólicos plenamente realizada, tenha podido sobreviver, sem atenuações nem concessões, às profundas mutações que afetaram as atividades produtivas e a divisão do trabalho, confinando

1 Esta distinção, proposta por Marx, entre os períodos de *trabalho* (isto é, para a atividade agrícola, as lavouras e a colheita que competem aos homens) e os períodos de *produção* (germinação etc.), em que o grão passa por um processo puramente natural de transformação, homólogo ao que se realiza no ventre materno durante a gestação, tem seu equivalente no ciclo da reprodução, com a oposição entre o tempo da procriação, em que o homem desempenha um papel ativo e determinante, e o tempo da gestação (cf. P. Bourdieu, *Le Sens pratique, op. cit.*, pp. 360-362).

a economia de bens simbólicos em um pequeno número de ilhotas, cercadas pelas águas frias do interesse e do cálculo? E como registrar esta aparente perenidade, que contribui, aliás, e muito, para conferir a uma construção histórica feições de uma essência natural, sem nos expormos a ratificá-la inscrevendo-a na eternidade de uma natureza?

O TRABALHO HISTÓRICO DE DES-HISTORICIZAÇÃO

Realmente, é claro que o eterno, na história, não pode ser senão o produto de um trabalho histórico de eternização. O que significa que, para escapar totalmente do essencialismo, o importante não é negar as constantes e as invariáveis, que incontestavelmente fazem parte da realidade histórica:[2] é preciso *reconstruir a história do trabalho histórico de des-historicização,* ou, se assim preferirem, a história da (re)criação continuada das estruturas objetivas e subjetivas da dominação masculina, que se realiza permanentemente desde que existem homens e mulheres, e por meio da qual a ordem masculina se vê continuamente reproduzida através dos tempos. Em outros termos, uma "história das mulheres", que faz aparecer, mesmo à sua revelia, uma grande parte de constância, de permanência, se quiser ser consequente, tem

2 Para nos convencermos disso, basta ler atentamente os cinco volumes de *L'Histoire des femmes,* de autoria de Georges Duby e Michèle Perrot (Paris, Plon, 1991, 1992).

que dar lugar, e sem dúvida o primeiro lugar, à história dos agentes e das instituições que concorrem permanentemente para garantir essas permanências, ou seja, Igreja, Estado, Escola etc., cujo peso relativo e funções podem ser diferentes, nas diferentes épocas. Tal história não pode se contentar com registrar, por exemplo, a exclusão das mulheres de tal ou qual profissão, de tal ou qual carreira, de tal ou qual disciplina; ela também tem que assinalar e levar em conta a reprodução e as hierarquias (profissionais, disciplinares etc.), bem como as disposições hierárquicas que elas favorecem e que levam as mulheres a contribuir para sua própria exclusão dos lugares de que elas são sistematicamente excluídas.[3]

A pesquisa histórica não pode se limitar a descrever as transformações da condição das mulheres no decurso dos tempos, nem mesmo a relação entre os gêneros nas diferentes épocas; ela deve empenhar-se em estabelecer, para cada período, o estado do sistema de agentes e das instituições, Família, Igreja, Estado, Escola etc., que, com pesos e medidas diversos em diferentes momentos, contribuíram para *arrancar da História, mais ou menos completamente,* as relações de dominação masculina. O verdadeiro objeto de uma história das relações entre os sexos é, portanto, a história das combinações sucessivas (diferentes na Idade Média e no século XVIII, sob Pétain no início dos anos 1940

3 Foi a uma pequena parte dessa imensa tarefa a que me dediquei, desde meus primeiros trabalhos, tentando mostrar como o sistema escolar contribuía para reproduzir as diferenças, não apenas entre as categorias sociais, mas também entre os gêneros.

e sob De Gaulle depois de 1945) de mecanismos estruturais (como os que asseguram a reprodução da divisão sexual do trabalho) e de estratégias que, por meio das instituições e dos agentes singulares, perpetuaram, no curso de uma história bastante longa, e por vezes à custa de mudanças reais ou aparentes, a estrutura das relações de dominação entre os sexos: a subordinação da mulher podendo vir expressa em sua entrada no trabalho, como na maior parte das sociedades pré-industriais, ou, ao contrário, em sua exclusão do trabalho, como se deu depois da Revolução Industrial, com a separação entre o trabalho e a casa, com o declínio do peso econômico das mulheres da burguesia, a partir daí relegadas pelo puritanismo vitoriano ao culto da castidade e das prendas do lar, à aquarela e ao piano, e também, pelo menos nos países de tradição católica, à prática religiosa, cada vez mais exclusivamente feminina.[4]

Em suma, ao trazer à luz as invariantes trans-históricas da relação entre os "gêneros", a história se obriga a tomar como objeto o trabalho histórico de des-historicização que as produziu e reproduziu continuamente, isto é, o trabalho constante de *diferenciação* a que homens e mulheres não cessam de estar submetidos e que os leva a distinguir-se masculinizando-se ou feminilizando-se. Ela deveria empenhar-se particularmente em descrever e analisar a (re)

4 V. L. Bullough, B. Shelton, S. Slavin, *The Subordinated Sex. A History of Attitudes toward Women*, Athens (Ga) e Londres, The University of Georgia Press, 1988 (2ª ed.).

construção social, sempre recomeçada, dos princípios de visão e de divisão geradores dos "gêneros" e, mais amplamente, das diferentes categorias de práticas sexuais (sobretudo heterossexuais e homossexuais), sendo a própria heterossexualidade construída e constituída socialmente como padrão universal de toda prática sexual "normal", isto é, distanciada da ignomínia da "contranatureza".[5] Uma verdadeira compreensão das mudanças sobrevindas, não só na condição das mulheres, como também nas relações entre os sexos, não pode ser esperada, paradoxalmente, a não ser de uma análise das transformações dos mecanismos e das instituições encarregados de garantir a perpetuação da ordem dos gêneros.

O trabalho de reprodução esteve garantido, até época recente, por três instâncias principais, a Família, a Igreja e a Escola, que, objetivamente orquestradas, tinham em comum o fato de agirem sobre as estruturas inconscientes. É, sem dúvida, à Família que cabe o papel principal na reprodução da dominação e da visão masculinas;[6] é na Família que se

5 Sabemos, sobretudo graças ao livro de George Chauncey, *Gay New York*, que o advento da oposição entre homossexuais e heterossexuais é algo muito recente e que foi sem dúvida só depois da Segunda Guerra Mundial que a heterossexualidade ou a homossexualidade se impôs como escolha exclusiva. Até então inúmeros eram os que passavam de um parceiro masculino a uma parceira feminina, podendo homens ditos "normais" deitar com um "efeminado" com a condição de se limitar ao lado dito "masculino" da relação. Os "invertidos", ou seja, os homens que desejavam homens, adotavam maneiras e trajes efeminados, que começaram a regredir quando a distinção entre homossexuais e heterossexuais se afirmou mais claramente.

6 Cf. N. J. Chodorow, op. *cit.*

impõe a experiência precoce da divisão sexual do trabalho e da representação legítima dessa divisão, garantida pelo direito e inscrita na linguagem. Quanto à Igreja, marcada pelo antifeminismo profundo de um clero pronto a condenar todas as faltas femininas à decência, sobretudo em matéria de trajes, e a reproduzir, do alto de sua sabedoria, uma visão pessimista das mulheres e da feminilidade,[7] ela inculca (ou inculcava) explicitamente uma moral familiarista, completamente dominada pelos valores patriarcais e principalmente pelo dogma da inata inferioridade das mulheres. Ela age, além disso, de maneira mais indireta, sobre as estruturas históricas do inconsciente, por meio sobretudo da simbologia dos textos sagrados,[8] da liturgia e até do espaço e do tempo religiosos (marcado pela correspondência entre a estrutura do ano litúrgico e a do ano agrário). Em certas épocas, ela chegou a basear-se em um sistema de oposições éticas que correspondia a um modelo cosmológico para justificar a hierarquia no seio da família — monarquia de direito divino

---

7 Sobre o papel da Igreja espanhola na perpetuação da visão pessimista sobre as mulheres, tidas como responsáveis pela degradação moral, e portanto merecedoras de sofrer para a expiação de todos os pecados do mundo, cf. W. A. Christian Jr., *Visionnaires: The Spanish Republic and the Reign of Christ*, Berkeley, University of California Press, 1997. Essa ética de expiação está também no centro da restauração operada pelo governo de Vichy, que se arma da representação mais arcaica da mulher e com apoio das mulheres, tal como os párocos espanhóis que condenavam a impureza feminina, exploravam os pequenos "visionários", os quais eram sobretudo mulheres, e suas visões milagrosas (cf. F. Muel-Dreyfus, *Vichy et l'Éternel féminin*, Paris, Éditions du Seuil, 1996).

8 Cf. J. Maître, *Mystique et Féminité. Essai de psychanalyse sociohistorique*, Paris, Éditions du Cerf, 1997.

baseada na autoridade do pai — e para impor uma visão do mundo social e do lugar que aí cabe à mulher por meio de uma verdadeira "propaganda iconográfica".[9]

Por fim, a Escola, mesmo quando já liberta da tutela da Igreja, continua a transmitir os pressupostos da representação patriarcal (baseada na homologia entre a relação homem/mulher e a relação adulto/criança) e sobretudo, talvez, os que estão inscritos em suas próprias estruturas hierárquicas, todas sexualmente conotadas, entre as diferentes escolas ou as diferentes faculdades, entre as disciplinas ("moles" ou "duras" — ou, mais próximas da inquietação mítica original, "ressecantes"), entre as especialidades, isto é, entre as maneiras de ser e as maneiras de ver, de *se* ver, de se representarem as próprias aptidões e inclinações, em suma, tudo aquilo que contribui para traçar não só os destinos sociais como também a intimidade das imagens de si mesmo.[10] De fato, é toda a cultura acadêmica, veiculada pela instituição

9 Cf. S. F. Matthews-Grieco, *Ange ou diablesse. La représentation de la femme* au *XVI*e *siècle*, Paris, Flammarion, 1991, p. 387. "Os meios de comunicação estão sempre em mãos do sexo forte: livros, imagens e sermões são compostos, desenhados, declamados por homens, ao passo que às mulheres é vetado, por sua falta de instrução mesma, o acesso à cultura e ao saber escrito" (p. 327).

10 Pode-se retirar essa evocação das formas específicas que assume a dominação masculina na instituição escolar o que ela pode ter de aparentemente abstrato, segundo Toril Moi em sua análise das representações e das classificações escolares, através das quais a influência de Sartre se impôs a Simone de Beauvoir (cf. T. Moi, *Simone de Beauvoir. The Making of an Intellectual Woman*, Cambridge, Blackwell, 1994; e P. Bourdieu, "Apologie pour une femme rangée", prefácio do livro de T. Moi, *Simone de Beauvoir. Conflits d'une intellectuelle*, Paris, Diderot Éditeur, 1995, pp. VI-X).

escolar, que, em suas variáveis tanto literárias ou filosóficas quanto médicas ou jurídicas, nunca deixou de encaminhar, até época recente, modos de pensar e modelos arcaicos (tendo, por exemplo, o peso da tradição aristotélica que faz do homem o princípio ativo e da mulher o elemento passivo) e um discurso oficial sobre o segundo sexo, para o qual colaboram teólogos, legistas, médicos e moralistas, discurso que visa a restringir a autonomia da esposa, sobretudo em matéria de trabalho, em nome de sua natureza "pueril" e tola, cada época valendo-se para tal dos "tesouros" da época anterior (por exemplo, no século XVI, os *fabliaux* em língua vulgar ou as dissertações teológicas em latim).[11] Mas ela é, ao mesmo tempo, como veremos, um dos princípios mais decisivos da mudança nas relações entre os sexos, devido às contradições que nela ocorrem e que ela própria introduz.

Para terminar este recenseamento dos fatores institucionais da reprodução da divisão dos gêneros, teríamos que levar em conta o papel do *Estado*, que veio ratificar e reforçar as prescrições e as proscrições do patriarcado privado com as de um *patriarcado público*, inscrito em todas as instituições encarregadas de gerir e regulamentar a existência cotidiana da unidade doméstica. Sem falar no caso extremo dos estados paternalistas e autoritários (como a França de Pétain ou a Espanha de Franco), realizações acabadas da

11 A medicina ofereceu, até o século XIX, justificativas anatômicas e fisiológicas para o estatuto da mulher (sobretudo em relação à sua ação reprodutora). Cf. P. Perrot, *Le Travail des apparences, ou les transformations du corps féminin, XVIIIe-XIXe siècle*, Paris, Éditions du Seuil, 1984.

visão ultraconservadora que faz da família patriarcal o princípio e modelo da ordem social como ordem moral, fundamentada na preeminência absoluta dos homens em relação às mulheres, dos adultos sobre as crianças, e na identificação da moralidade com a força, com a coragem e com o domínio do corpo, lugar de tentações e de desejos,[12] os Estados modernos inscreveram no direito de família, especialmente nas regras que definem o estado civil dos cidadãos, todos os princípios fundamentais da visão androcêntrica.[13] E a ambiguidade essencial do Estado consiste, por um lado, determinante, no fato de que ele reproduz em sua própria estrutura, com a oposição entre os ministérios financeiros e os ministérios de administração, entre sua mão direita, paternalista, familiarista e protetora, e sua mão esquerda, voltada para o social, a divisão arquetípica entre o masculino e o feminino, ficando as mulheres com a parte ligada ao Estado social, não só como responsáveis

12 Cf. G. Lakoff, *Moral Politics. What Conservatives Know that Liberals Don't,* Chicago, The University of Chicago Press, 1996.

13 Seria necessário lembrar aqui, em detalhe, as políticas de gestão dos corpos sob os diferentes regimes políticos. Nos regimes autoritários, em primeiro lugar, com as grandes paradas militares ou as enormes exibições de ginástica, em que se expressa a filosofia ultramasculina da revolução conservadora, baseada no culto do macho soldado, da comunidade masculina e da moral heroica de ascese da tensão (cf. G. Mosse, *L'Image de l'homme: l'invention de la virilité moderne*, Paris, Abbeville, 1997) ou o folclore paternalista e regressivo do governo de Vichy (cf. F. Muel-Dreyfus, *op. cit.*). Mas também, nos regimes democráticos, sobretudo com a política de família, e em particular o que Rémi Lenoir chama de familiarismo (cf. R. Lenoir, "La famille, une affaire d'État", em *Actes de la recherche en sciences sociales,* 113, junho, 1996, pp. 16-30) e ainda através de toda ação educativa.

por ele, como enquanto destinatárias privilegiadas de seus cuidados e de seus serviços.[14]

Essa evocação do conjunto de instâncias que contribuem para reproduzir a hierarquia dos gêneros deveria permitir esboçar o programa de uma análise histórica do que permaneceu e do que se transformou naquelas instâncias; análise esta que, por si só, pode fornecer os instrumentos indispensáveis à compreensão tanto daquilo que podemos constatar ter, não raro de forma surpreendente, permanecido constante na condição das mulheres (e isto sem precisar invocar a resistência e a má-vontade masculina[15] ou a responsabilidade das próprias mulheres), quanto das mudanças visíveis ou invisíveis que tal condição experimentou em período recente.

OS FATORES DE MUDANÇA

A maior mudança está, sem dúvida, no fato de que a dominação masculina não se impõe mais com a evidência de algo que é indiscutível. Em razão, sobretudo, do enorme

14 Lembrar a função do Estado como instrumento de um exercício mediatizado do poder é fugir da tendência a fazer do poder masculino sobre as mulheres (e as crianças) na família o lugar principal da dominação masculina; lembrar a diferenciação desta função é afastar o falso debate, que põe em conflito certas feministas, sobre a questão de saber se o Estado é, para as mulheres, opressor ou liberador.

15 Fator que, evidentemente, nada tem de negligenciável e que atua através da agregação de ações individuais, tanto dentro das unidades domésticas quanto no mundo do trabalho, e também através de ações simbólicas semiconcatenadas, como as do "neomachismo" ou certa crítica do "politicamente correto".

trabalho crítico do movimento feminista que, pelo menos em determinadas áreas do espaço social, conseguiu romper o círculo do reforço generalizado, esta evidência passou a ser vista, em muitas ocasiões, como algo que é preciso defender ou justificar, ou algo de que é preciso se defender ou se justificar. O questionamento das evidências caminha *pari passu* com as profundas transformações por que passou a condição feminina, sobretudo nas categorias sociais mais favorecidas: é o caso, por exemplo, do aumento do acesso ao ensino secundário e superior, ao trabalho assalariado e, com isso, à esfera pública; é também o distanciamento em relação às tarefas domésticas[16] e às funções de reprodução (relacionado ao progresso e ao uso generalizado de técnicas contraceptivas e à redução de tamanho das famílias); é, sobretudo, o adiamento da idade do casamento e da procriação, a abreviação da interrupção da atividade profissional por ocasião do nascimento de um filho, e também a elevação dos percentuais de divórcio e queda dos percentuais de casamento.[17]

---

16 Um fator de mudança que não pode ser negligenciado é, sem dúvida, a multiplicação dos instrumentos técnicos e dos bens de consumo, que contribuíram para aliviar (de maneira diferenciada segundo a posição social) as tarefas domésticas como cozinhar, lavar, limpar, fazer compras etc. (como o comprova o fato de que o tempo dedicado ao trabalho doméstico diminuiu regularmente tanto na Europa quanto nos Estados Unidos), ficando o cuidado das crianças como algo mais difícil de ser diminuído (mesmo quando partilhado), apesar do aumento do número de creches ou escolas maternais.
17 Cf. L. W. Hoffman, "Changes in Family Roles, Socialization and Sex Differences", *American Psychologist*, 1977, 32, pp. 644-657. Não é possível lembrar, mesmo em poucas palavras, todas as mudanças que o acesso em massa

De todos os fatores de mudança, os mais importantes são os que estão relacionados com a transformação decisiva da função da instituição escolar na reprodução da diferença entre os gêneros, tais como o aumento do acesso das mulheres à instrução e, correlativamente, à independência econômica e à transformação das estruturas familiares (em consequência, sobretudo, da elevação nos índices de divórcios): assim, embora a inércia dos *habitus*, e *do direito*, ultrapassando as transformações da família real, tenda a perpetuar o modelo dominante da estrutura familiar e, no mesmo ato, o da sexualidade legítima, heterossexual e orientada para a reprodução, embora se organize tacitamente em relação a ela a socialização e, simultaneamente, a transmissão dos princípios de divisão tradicionais, o surgimento de novos tipos de família, como as famílias compostas e o acesso à visibilidade pública de novos modelos de sexualidade (sobretudo os homossexuais), contribuem para quebrar a *doxa* e ampliar o espaço das possibilidades em matéria de sexualidade. Do mesmo modo, e mais banalmente, o aumento do número de mulheres que trabalham não pode deixar de afetar a divisão de tarefas domésticas e, ao mesmo tempo, os modelos tradicionais masculinos e femininos, acarretando,

---

das mulheres à educação secundária e superior pôde determinar, sobretudo nos campos político e religioso, e também em todas as profissões forçosamente feminilizadas. Citarei simplesmente, a título de exemplo, os movimentos, de tipo inteiramente novo, que se autodenominaram "coordenações" (cf. D. Kargoat [ed.], *Les Infirmières el leur coordination, 1988-1989*, Paris, Lamarre, 1992).

sem dúvida, consequências na aquisição de posições sexualmente diferenciadas no seio da família: pode-se, assim observar que as filhas de mães que trabalham têm aspirações de carreira mais elevadas e são menos apegadas ao modelo tradicional da condição feminina.[18]

Mas uma das mudanças mais importantes na condição das mulheres e um dos fatores mais decisivos da transformação dessa condição é, sem sombra de dúvida, o aumento do acesso das jovens ao ensino secundário e superior que, estando relacionado com as transformações das estruturas produtivas (sobretudo o desenvolvimento das grandes administrações públicas ou privadas e das novas tecnologias sociais de organização de quadros), levou a uma modificação realmente importante da posição das mulheres na divisão do trabalho: observa-se, assim, um forte aumento da representação de mulheres nas profissões intelectuais ou na administração e nas diferentes formas de venda de serviços simbólicos (jornalismo, televisão, cinema, rádio, relações públicas, publicidade, decoração), e também uma intensificação de sua participação nas profissões mais próximas da definição tradicional de atividades femininas (ensino, assistência social, atividades paramédicas). Apesar disso, as diplomadas encontraram sua principal oferta de trabalho nas profissões intermediárias de nível médio (quadros administrativos de nível médio, técnicos, membros do corpo médico e social etc.),

18 L W. Hoffman, *art. cit.*

mas continuam vendo-se praticamente excluídas dos cargos de autoridade e de responsabilidade, sobretudo na economia, nas finanças e na política.

As mudanças visíveis de *condições* ocultam, de fato, a permanência nas *posições relativas:* a igualização de oportunidades de acesso e índices de representação não deve mascarar as desigualdades que persistem na distribuição entre os diferentes níveis escolares e, simultaneamente, entre as carreiras possíveis. Em número maior que os garotos, quer para obtenção do bacharelado, quer nos estudos universitários, as garotas estão bem menos representadas nos departamentos mais cotados, mantendo-se sua representação muito inferior nos departamentos de ciências, ao passo que cresce nos departamentos de letras. Nos liceus profissionais elas permanecem, igualmente, direcionadas sobretudo para as especializações tradicionalmente consideradas "femininas" e pouco qualificadas (como as administrativas ou do comércio, secretariado e profissões da área de saúde), ficando certas especialidades (mecânica, eletricidade, eletrônica) praticamente reservadas aos garotos. A mesma persistência de desigualdades se verifica nas classes preparatórias para as grandes escolas científicas e para essas mesmas escolas. Nas faculdades de medicina, a proporção de mulheres decresce à medida que se sobe na hierarquia das especialidades, algumas das quais, como a cirurgia, lhes estão praticamente interditadas, ao passo que outras, como a pediatria, ou a ginecologia, lhes estão quase que reservadas. Como se vê, a estrutura se perpetua nos pares de oposição homólogos às grandes divisões tradicionais, com a oposição entre as grandes escolas e as faculdades, ou, dentro destas, entre as faculdades de direito e de medicina e as faculdades de letras, ou, dentro destas, entre a filosofia ou a sociologia e a psicologia ou a história da arte. E é sabido que o mesmo princípio de divisão é ainda aplicado, dentro de cada disciplina, atribuindo aos homens o mais nobre, o mais sintético, o mais teórico, e às mulheres o mais analítico, o mais prático, o menos prestigioso.[19]

A mesma lógica rege o acesso às diferentes profissões e às diferentes posições dentro de cada uma delas: no trabalho, tal como na educação, os progressos das mulheres não devem dissimular os avanços correspondentes dos homens, que fazem com que, como em uma corrida com *handicap*, a estrutura das *distâncias* se mantenha.[20] O exemplo mais flagrante dessa permanência *dentro da mudança e pela mudança* é o fato de que as posições que se feminilizam estejam ou desvalorizadas (os operários especializados são majoritariamente mulheres ou imigrantes) ou declinantes, com sua desvalorização duplicada, em um efeito de bola de

19 Sobre a diferença entre os sexos nas escolhas filosóficas, cf. Charles Soulié, "Anatomie du goût philosophique", *Actes de la recherche en sciences sociales*, 109, outubro 1995, pp. 3-28.

20 R.-M. Lagrave, "Une émancipation sous-tutelle. Éducation et travail des femmes au XXe siècle", *in* G. Duby e M. Perrot (éd.), *Histoire des femmes*, t. 5, Paris, Plon, 1992.

neve, pela deserção dos homens, que ela contribuiu para provocar. Além disso, embora seja verdade que encontramos mulheres em todos os níveis do espaço social, suas oportunidades de acesso (seus índices de representação) decrescem à medida que se atingem posições mais raras e mais elevadas (de modo que o índice real e potencial de feminilização é, sem dúvida, o melhor indício da posição e do valor ainda relativos das diferentes profissões).[21]

Assim, em cada nível, apesar dos efeitos de uma superseleção, a igualdade formal entre os homens e as mulheres tende a dissimular que, sendo as coisas em tudo iguais, as mulheres ocupam sempre as posições menos favorecidas. Por exemplo, sendo embora verdade que as mulheres estão cada vez mais representadas em funções públicas, são sempre as posições mais baixas e mais precárias que lhes são reservadas (elas são particularmente numerosas entre as não tituladas e os agentes de tempo parcial, e, na administração local, por exemplo, veem ser-lhes atribuídas posições subalternas e ancilares, de assistência e cuidados — mulheres da limpeza, merendeiras, crecheiras etc.).[22] A melhor prova das incertezas do estatuto atribuído às mulheres no mercado de trabalho

---

21 H. Y. Meynaud, "L'accès au dernier cercle: la participation des femmes aux instances de pouvoir dans les entreprises", *Revue française des affaires sociales,* 42ᵉ année, 1, janeiro-março 1988, pp. 67-87; "Au coeur de l'entreprise EDF, la lente montée des électriciens dans les postes de pouvoir", *Bulletin d'histoire de l'électricité,* Actes de la journée de la femme et l'électricité, 1993.
22 Cf. M. Amine, *Les Personnels territoriaux,* Paris, Éditions du CNFPT, 1994.

reside, sem dúvida, no fato de que elas têm sempre remuneração mais baixa que os homens, e mesmo quando todas as coisas são em tudo iguais, elas obtêm cargos menos elevados com os mesmos diplomas e, sobretudo, são mais atingidas, proporcionalmente, pelo desemprego, pela precariedade de empregos, e relegadas com mais facilidade a cargos de trabalho em horário parcial — o que tem, entre outros efeitos, o de excluí-las quase que infalivelmente dos jogos de poder e das perspectivas de carreira.[23] Daí, pelo fato de estarem ligadas ao Estado social e às posições "sociais" dentro do campo burocrático, bem como aos setores das empresas privadas mais vulneráveis às políticas de "precarização", tudo permite prever que elas serão as principais vítimas da política neoliberal, que visa a reduzir a dimensão social do Estado e favorecer a "desregulamentação" do mercado de trabalho.

As posições dominantes, que elas ocupam em número cada vez maior, situam-se essencialmente nas regiões dominadas da área do poder, isto é, no domínio da produção e da circulação de bens simbólicos (como a edição, o jornalismo, a mídia, o ensino etc.). "Elites discriminadas", segundo a expressão de María Antonia García de León, elas têm que

23 Cf. M. Maruani, "Féminisation et discrimination. Évolution de l'activité féminine en France", *L'Orientation scolaire et professionnelle,* 1991, 20, 3, pp. 243-256; "Le mi-temps ou la porte", *Le Monde des débats,* 1, outubro 1992, pp. 8-9; "Statut social et mode d'emploi", *Revue française de sociologie,* XXX, 1989, pp. 31-39; J. Laufer e A. Fouquet, "Effet de plafonnement de carrière des femmes cadres et accès des femmes à la décision dans la sphère économique", *Rapport du Centre d'études de l'emploi,* 97/90, p. 117.

pagar sua eleição com um esforço constante no sentido de satisfazer as exigências suplementares que lhes são quase sempre impostas e de banir toda conotação sexual de seu *hexis* corporal e de seus trajes.[24]

Para compreender adequadamente a distribuição estatística dos poderes e privilégios entre os homens e as mulheres, e sua evolução no decurso do tempo, é preciso levar em conta, simultaneamente, duas propriedades que, à primeira vista, podem parecer contraditórias. Por um lado, qualquer que seja sua posição no espaço social, as mulheres têm em comum o fato de estarem *separadas dos homens por um coeficiente simbólico negativo* que, tal como a cor da pele para os negros, ou qualquer outro sinal de pertencer a um grupo social estigmatizado, afeta negativamente tudo que elas são e fazem, e está na própria base de um conjunto sistemático de diferenças homólogas: há algo em comum, apesar da enormidade da distância, entre a mulher alta executiva que, para ter a força de enfrentar a tensão ligada ao exercício do poder sobre os homens — ou ao meio masculino —, tem que fazer massagens todas as manhãs, e a mulher operária da metalurgia, que tem que buscar na solidariedade das "companheiras" um conforto contra as provações ligadas ao trabalho em meio masculino, como o assédio sexual ou, simplesmente, a degradação da própria imagem e da autoestima infringidas pela feiura e sujeira impostas pelas condições de trabalho. Por outro lado, apesar

24 Cf. H. Y. Meynaud, *art. cit.*

das experiências específicas que as aproximam (como algo infinitamente pequeno da dominação que são as inúmeras feridas, às vezes subliminares, causadas pela ordem masculina), as mulheres continuam *separadas umas das outras* por diferenças econômicas e culturais, que afetam, entre outras coisas, sua maneira objetiva e subjetiva de sentir e vivenciar a dominação masculina — sem com isso anular tudo que está ligado à diminuição do capital simbólico trazido pela feminilidade.

Enfim, as próprias mudanças da condição feminina obedecem sempre à lógica do modelo tradicional da divisão entre o masculino e o feminino. Os homens continuam a dominar o espaço público e a área de poder (sobretudo econômico, sobre a produção), ao passo que as mulheres ficam destinadas (predominantemente) ao espaço privado (doméstico, lugar da reprodução) em que se perpetua a lógica da economia de bens simbólicos, ou a essas espécies de extensões deste espaço, que são os serviços sociais (sobretudo hospitalares) e educativos, ou ainda aos universos da produção simbólica (áreas literária e artística, jornalismo etc.).

Se as estruturas antigas da divisão sexual parecem ainda determinar a direção e a forma das mudanças, é porque, além de estarem objetivadas nos níveis, nas carreiras, nos cargos mais ou menos fortemente sexuados, elas atuam através de *três princípios práticos* que não só as mulheres, mas também seu próprio ambiente, põem em ação em suas escolhas: de acordo com o primeiro destes princípios, as funções que convêm às mulheres se situam no prolongamento das funções domésticas: ensino, cuidados, serviço; segundo, que uma mulher não pode ter autoridade sobre homens, e tem, portanto, todas as possibilidades de, sendo todas as coisas iguais em tudo, ver-se preterida por um homem para uma posição de autoridade ou de ser relegada a funções subordinadas de assistente; o terceiro confere ao homem o monopólio da manutenção dos objetos técnicos e das máquinas.[25]

Quando indagamos as adolescentes a respeito de sua experiência escolar, não podemos deixar de chocar-nos com o peso das incitações e injunções, positivas ou negativas, dos pais, dos professores e sobretudo dos orientadores escolares, ou dos colegas, sempre prontos a lembrar-lhes, de maneira tácita ou implícita, o destino que lhes é indicado pelo princípio da divisão tradicional: assim, grande número delas observa como os professores das disciplinas científicas solicitam e estimulam menos as meninas que os meninos, e como os pais, tais como os professores ou os orientadores, as desviam, "para seu bem", de determinadas carreiras consideradas masculinas ("Quando seu pai lhe diz: 'você nunca vai se dar bem nesta profissão', isto é estupidamente vexaminoso"), ainda mais porque eles encorajam seus irmãos a

25 Em uma listagem de 335 carreiras segundo a percentagem de seus membros que são mulheres, vemos aparecer, no primeiro nível das carreiras femininas, as profissões que têm por eixo o cuidar de crianças (*child care*, ensino), de doenças (enfermeiras, nutricionistas), de casas (*faixineiras e serventes*), de pessoas (secretárias, recepcionistas e "domesticidade burocrática") (cf. B. R. Bergman, *The Economic Emergence of Work*, Nova York, Basic Books, 1986, pp. 317 e seg.).

segui-las. Mas estas chamadas à ordem devem grande parte de sua eficácia ao fato de que toda uma série de experiências anteriores, sobretudo o esporte, que é muitas vezes ocasião de se confrontar com a discriminação, prepararam-nas para aceitar antecipadamente tais sugestões, fazendo-as introjetar a visão dominante: elas "não se sentem bem dando ordens" a homens, ou simplesmente trabalhando em uma função tipicamente masculina. A divisão social de tarefas, inscrita na objetividade de categorias sociais diretamente visíveis, e a estatística espontânea, através da qual se forma a representação que cada um de nós tem do *normal,* ensinaram-lhes que, como disse uma delas em uma dessas magníficas tautologias em que se enunciam as evidências sociais, "hoje em dia, não se veem muitas mulheres fazendo o trabalho de homens".

Em suma, através da experiência de uma ordem social "sexualmente" ordenada e das chamadas explícitas à ordem que lhes são dirigidas por seus pais, seus professores e seus colegas, e dotadas de princípios de visão que elas próprias adquiriram em experiências de mundo semelhantes, as meninas incorporam, sob forma de esquemas de percepção e de avaliação dificilmente acessíveis à consciência, os princípios da visão dominante que as levam a achar normal, ou mesmo natural, a ordem social tal como é, e a prever, de certo modo, o próprio destino, recusando as posições ou as carreiras de que estão sistematicamente excluídas e encaminhando-se para as que lhes são sistematicamente destinadas. A constância dos *habitus* que daí resulta é, assim, um dos fatores mais importantes da relativa constância da estrutura da divisão sexual de trabalho: pelo fato de serem estes princípios transmitidos, essencialmente, corpo a corpo, aquém da consciência e do discurso, eles escapam, em grande parte, às tomadas de controle consciente e, simultaneamente, às transformações ou às correções (como o comprovam as defasagens, não raro observadas, entre as declarações e as práticas, os homens que se dizem favoráveis à igualdade entre os sexos não participando mais do trabalho doméstico, por exemplo, que os outros); além disso, sendo objetivamente orquestrados, eles se confirmam e se reforçam mutuamente.

Ainda, sem que se atribuam aos homens estratégias organizadas de resistência, pode-se supor que a lógica espontânea das operações de cooptação — que tende sempre a conservar as propriedades mais raras dos corpos sociais, das quais a *sex ratio*[26] ocupa o primeiro lugar — enraíza-se em uma apreensão confusa, e muito carregada de emoção, do perigo que corre a raridade, e portanto o valor de uma posição social, bem como, de algum modo, a identidade sexual de seus ocupantes, com a feminilização. A violência de certas reações emocionais contra a entrada das mulheres em tal ou qual profissão é compreensível se virmos que as

26 Por vezes de maneira "milagrosa", como no caso dos recrutamentos de professores auxiliares do ensino superior que foram realizados na França nos anos 1970, para fazer face ao afluxo de estudantes (cf. P. Bourdieu, *Homo academicus*, *op. cit.*, pp. 171-205, sobretudo pp. 182-183).

próprias posições sociais são sexuadas, e sexualizantes, e que, ao defender seus cargos contra a feminilização, é sua ideia mais profunda de si mesmos como homens que os homens estão pretendendo proteger, sobretudo no caso de categorias sociais como os trabalhadores manuais, ou de profissões como as das forças armadas, que devem boa parte, senão a totalidade, de seu valor, até mesmo a seus próprios olhos, à sua imagem de virilidade.[27]

ECONOMIA DOS BENS SIMBÓLICOS E ESTRATÉGIAS DE REPRODUÇÃO

Mas outro fator determinante da perpetuação das diferenças é a permanência que a economia dos bens simbólicos (do qual o casamento é uma peça central) deve à sua autonomia relativa, que permite à dominação masculina nela perpetuar-se, acima das transformações dos modos de produção econômica; isso com o apoio permanente e explícito que a família, principal guardiã do capital simbólico, recebe das igrejas e do direito. O exercício legítimo da sexualidade, embora possa parecer cada vez mais liberto da obrigação matrimonial, permanece ordenado e subordinado à transmissão do patrimônio, através do casamento, que continua

27 Cf. C. L. Williams, *Gender Differences at Work: Women and Men in Non-traditional Occupations*, Berkeley, University of California Press, 1989, e também M. Maruani e C. Nicole, *op. cit.*

sendo uma das vias legítimas da transferência da riqueza. Como Robert A. Nye se esforça por demonstrar, as famílias burguesas não deixaram de investir nas estratégias de reprodução, sobretudo matrimoniais, visando a conservar ou aumentar seu capital simbólico. E isso muito mais que as famílias do Antigo Regime, porque a manutenção de sua posição depende estritamente da reprodução de seu capital simbólico, através da produção de herdeiros capazes de perpetuar a herança do grupo e a aquisição de aliados de prestígio;[28] e, se, na França moderna, as disposições da honra masculina continuam a reger as atividades públicas dos homens, do duelo à polidez ou ao esporte, é porque, tal como se dá na sociedade cabila, elas não fazem mais que manifestar e realizar a tendência da família (burguesa) de se perpetuar, por meio das estratégias de reprodução impostas pela lógica da economia de bens simbólicos, a qual, sobretudo no universo da economia doméstica, manteve suas exigências específicas, distintas das que regem a economia abertamente econômica do mundo dos negócios.

Excluídas do universo das coisas sérias, dos assuntos públicos, e mais especialmente dos econômicos, as mulheres ficaram durante muito tempo confinadas ao universo doméstico e às atividades associadas à reprodução biológica e social da descendência; atividades (principalmente maternas) que, mesmo quando aparentemente reconhecidas e por vezes ritualmente celebradas, só o são realmente enquanto perma-

28 *R. A. Nye, op. cit., p. 9.*

necem subordinadas às atividades de produção, as únicas que recebem uma verdadeira sanção econômica e social, e organizadas em relação aos interesses materiais e simbólicos da descendência, isto é, dos homens. É assim que uma parte muito importante do *trabalho doméstico* que cabe às mulheres tem ainda hoje por finalidade, em diferentes meios, manter a solidariedade e a integração da família, sustentando relações de parentesco e todo o capital social com a organização de toda uma série de atividades sociais ordinárias, como as refeições, em que toda a família se encontra,[29] ou extraordinárias, como as cerimônias e as festas (aniversários etc.) destinadas a celebrar ritualmente os laços de parentesco e a assegurar a manutenção das relações sociais e da projeção social da família, ou as trocas de presentes, de visitas, de cartas ou de cartões postais e telefonemas.[30]

---

29 Já vimos o papel importante que tem a refeição na vida da família, tal como a organiza a Sra. Ramsay, encarnação do "espírito de família", cujo desaparecimento acarreta a ruína da vida coletiva e da unidade da vida doméstica.

30 No caso da burguesia e da pequena burguesia dos Estados Unidos, esse trabalho de manutenção do capital social da família e, portanto, de sua unidade, cabe quase que exclusivamente à mulher, que garante inclusive a manutenção de relações com os parentes do marido (cf. M. di Leonardo, "The Female World of Cards and Holidays: Women, Families and the World of Kinship", *Signs*, 12, primavera 1987, pp. 410-453; e sobre o papel determinante das conversas telefônicas nesse trabalho: C. S. Fischer, "Gender and the Residential Telephone, 1890-1940, Technologies of Sociability", *Sociological Forum*, 3 [2], primavera 1988, pp. 211-233). (Não posso deixar de ver como efeito da submissão aos modelos dominantes o fato de que, tanto na França quanto nos Estados Unidos, são algumas teóricas, capazes de se mostrarem excelentes no que uma de suas críticas chama de "a corrida à teoria" [race for theory], que concentram toda a atenção e a discussão, eclipsando magníficos trabalhos — tais como estes — infinitamente mais ricos e mais fecundos, mesmo do ponto de vista teórico, mas menos conformes à ideia, tipicamente masculina, da "grande teoria".)

Esse trabalho doméstico passa, em sua maior parte, despercebido, ou mesmo malvisto (por exemplo, a denúncia permanente do prazer feminino com a "fofoca", sobretudo por telefone...) e, quando ele se impõe ao olhar, é desrealizado, transferido ao plano da espiritualidade, da moral e do sentimento, o que facilita seu caráter não lucrativo e "desinteressado". O fato de que o trabalho doméstico da mulher não tenha uma retribuição em dinheiro contribui realmente para desvalorizá-lo, inclusive a seus próprios olhos, como se este tempo, não tendo valor de mercado, fosse sem importância e pudesse ser dado sem contrapartida, e sem limites, primeiro aos membros da família, e sobretudo às crianças (já foi comentado que o tempo materno pode mais facilmente ser interrompido), mas também externamente, em tarefas de beneficência, sobretudo para a Igreja, em instituições de caridade ou, cada vez mais, em associações ou partidos. Não raro confinadas nessas atividades não remuneradas, e pouco inclinadas, por isso, a pensar em termos de equivalência entre o trabalho e o dinheiro, as mulheres estão, muito mais que os homens, dispostas à *beneficência*, sobretudo religiosa ou de caridade.

Do mesmo modo que, nas sociedades menos diferenciadas, elas eram tratadas como meios de troca, permitindo aos homens acumular capital social e capital simbólico através de casamentos — verdadeiros investimentos que permitiam instaurar alianças mais ou menos amplas e prestigiosas —, também hoje elas trazem uma *contribuição* decisiva à produção e à reprodução do capital simbólico da família, antes de mais nada expressando o capital simbólico do grupo doméstico com tudo que concorre para sua aparência — maquiagem, trajes, porte etc. Daí ficarem, por esse fato, classificadas do lado do parecer, do agradar.[31] O mundo social funciona (em graus diferentes, segundo as áreas) como um mercado de bens simbólicos dominado pela visão masculina: ser, quando se trata de mulheres, é, como vimos, ser-percebido, e percebido pelo olhar masculino, ou por um olhar marcado pelas categorias masculinas — as que entram em ação, mesmo sem se conseguir enunciá-las explicitamente, quando se elogia uma obra de mulher por ser "feminina", ou, ao contrário, "não ser em absoluto feminina". Ser "feminina" é, essencialmente, evitar todas as propriedades e práticas que podem funcionar como sinais de virilidade; e dizer de uma mulher de poder que ela é "muito feminina" não é mais que um modo particularmente sutil de negar-lhe qualquer direito a este atributo caracteristicamente masculino que é o poder.

A posição peculiar das mulheres no mercado de bens simbólicos explica o que há de mais essencial nas disposições femininas: se toda relação social é, sob certos aspectos, o lugar de troca no qual cada um oferece à avaliação seu aparecer sensível, é maior para a mulher que para

31 Aqui cabe um indício, que poderá parecer insignificante, da posição diferencial dos homens e das mulheres nas relações de reprodução do capital simbólico: nos Estados Unidos, na grande burguesia, há uma tendência a dar nomes franceses às filhas, vistas como objetos da moda e de sedução, ao passo que os rapazes, guardiães do nome de família e sujeitos dos atos destinados a perpetuá-lo, recebem nomes próprios escolhidos no estoque de nomes antigos entesourados pela linhagem.

o homem a parte que, em seu ser-percebido, compete ao corpo, reduzindo-o ao que se chama por vezes de o "físico" (potencialmente sexualizado), em relação a propriedades menos diretamente sensíveis, como a linguagem. Enquanto, para os homens, a aparência e os trajes tendem a apagar o corpo em proveito de signos sociais de posição social (roupas, ornamentos, uniformes etc.), nas mulheres eles tendem a exaltá-lo e a dele fazer uma linguagem de sedução. O que explica que o investimento (em tempo, em dinheiro, em energia) no trabalho de apresentação seja muito maior na mulher.

Estando, assim, socialmente levadas a tratar a si próprias como objetos estéticos e, por conseguinte, a dedicar uma atenção constante a tudo que se refere à beleza, à elegância do corpo, das vestes, da postura, elas têm naturalmente a seu cargo, na divisão do trabalho doméstico, tudo que se refere à estética e, mais amplamente, à gestão da imagem pública e das aparências sociais dos membros da unidade doméstica, dos filhos, obviamente, mas também do marido, que lhes delega muitas vezes a escolha de sua indumentária. São também elas que assumem o cuidado e a preocupação com a decoração na vida cotidiana, da casa e de sua decoração interior, da parte de gratuidade e de finalidade sem fim que ali tem sempre lugar, mesmo entre os mais despossuídos (assim como as antigas hortas camponesas tinham um canto reservado às flores ornamentais, os apartamentos mais pobres das cidades operárias têm seus vasos de flores, seus bibelôs e seus cromos).

Direcionadas à gestão do capital simbólico das famílias, as mulheres são logicamente levadas a transportar esse papel para dentro da empresa, onde se lhes pede quase sempre para coordenar as atividades de apresentação e de representação, de recepção e acolhida (aeromoça, recepcionista, anfitriã, guia turístico, atendente, recepcionista de congresso, acompanhante etc.), e também a gestão dos grandes rituais burocráticos que, tais como os rituais domésticos, contribuem para a manutenção e o aumento do capital social de relações e do capital simbólico da empresa.

Limite extremo de todas as espécies de serviços simbólicos que o universo burocrático exige das mulheres, os luxuosos clubes de hospedagem japoneses, para os quais as grandes empresas gostam de convidar seus quadros, oferecem, não serviços sexuais, como os lugares de prazer comuns, mas serviços simbólicos altamente personalizados, com alusões a detalhes da vida pessoal dos clientes e referências admirativas a sua função ou profissão. Quanto mais elevada for a posição de um clube na hierarquia dos prestígios e preços, mais os serviços serão particularizados e dessexualizados, e tendentes a fazer a entrega feminina parecer totalmente gratuita, realizada por amor e não por dinheiro; o que se dá à custa de um trabalho propriamente cultural de eufemização (o mesmo que impõe a prostituição nos hotéis e que as prostitutas consideram infinitamente mais penoso e custoso que as rápidas trocas sexuais da prostituição de rua).[32] A demonstração de atenções particulares e de artifícios de sedução, entre os quais uma conversa refinada, podendo implicar certa provocação erótica, não é um dos menores, visa a dar a clientes que não querem ser vistos como tais a impressão de serem apreciados, admirados e até mesmo desejados ou amados por eles mesmos, por sua pessoa em sua singularidade, e não por seu dinheiro, e de serem muito importantes — ou, simplesmente, "de se sentirem homens".[33]

Desnecessário dizer que essas atividades de comércio simbólico, que são para as empresas o que as estratégias de apresentação são para os indivíduos, exigem, para serem adequadamente realizadas, uma extrema atenção à aparência física e predisposições à sedução, que estão de acordo com o papel que, tradicionalmente, compete mais à mulher. E compreende-se que, de modo geral, se possa confiar às mulheres, por uma simples extensão de seu papel tradicional, funções (na maior parte das vezes subordinadas, embora a área cultural seja uma das únicas em que elas podem ocupar cargos de direção) na produção ou no consumo de bens e serviços simbólicos, ou, mais precisamente, *sinais de distinção*, que vão dos produtos ou serviços de estética (cabeleireiras, esteticistas, manicures etc.) à alta costura ou à cultura erudita. Responsáveis dentro

32 Cf. C. Hoigard e L. Finstad, *Backstreets, Prostitution, Money and Love*, Cambridge, Polity Press, 1992.

33 Cf. A. Allison, *Nightwork, Pleasure and Corporate Masculinity in a Tokyo Hostess Club*, Chicago, University of Chicago Press, 1994.

da unidade doméstica pela conversão do capital econômico em capital simbólico, elas tendem a entrar na dialética permanente da pretensão e da distinção, à qual a moda oferece um de seus campos prediletos e que é também o motor da vida cultural, com o movimento permanente de ultrapassagem e de escalada simbólicas. As mulheres da pequena burguesia, que, como se sabe, levam a extremos a atenção aos cuidados com o corpo ou com a aparência física[34] e, por extensão, ao cuidado com a respeitabilidade ética e estética, são as vítimas privilegiadas da dominação simbólica, mas também os instrumentos mais adequados para modificar seus efeitos em relação às categorias dominadas. Marcadas pela aspiração de se identificarem com os modelos dominantes — como o comprova sua tendência à hipercorreção estética e linguística —, elas estão particularmente inclinadas a se apropriarem, a qualquer preço (isto é, na maior parte das vezes, a crédito), das propriedades distintivas, por serem as que distinguem os dominantes, e a contribuírem para sua imperativa divulgação em favor, sobretudo, do poder simbólico circunstancial, que pode assegurar a seu proselitismo de recém-convertidas uma posição no aparelho de produção e de circulação dos bens culturais (por exemplo, em um jornal feminino).[35] Tudo se passa, então, como se o mercado de bens simbólicos, em que

---

34 Cf. P. Bourdieu, *La Distinction. Critique sociale du jugement*, Paris, Éditions de Minuit, 1979, pp. 226-229.

35 Nicole Woolsey-Biggart oferece uma descrição exemplar de uma forma paradigmática de proselitismo cultural a base da mão de obra feminina em seu livro *Charismatic Capitalism*, Chicago, University of Chicago Press, 1988.

as mulheres devem as melhores provas de sua emancipação profissional, só concedesse a essas "trabalhadoras livres" da produção simbólica uma aparente liberdade, visando a melhor obter delas uma submissão diligente e uma contribuição para a dominação simbólica, que se exerce através dos mecanismos da economia de bens simbólicos e dos quais elas são, igualmente, as vítimas prediletas. A intuição desses mecanismos, que está, sem dúvida, na base de certas estratégias de subversão propostas pelo movimento feminista, como a defesa do *natural look*, deveria estender-se a todas as situações em que as mulheres podem crer, e fazer crer, que elas exercem as responsabilidades de um agente que age no exato momento em que elas se veem reduzidas à condição de instrumentos de exibição ou de manipulação simbólicas.

A FORÇA DA ESTRUTURA

Assim, uma apreensão verdadeiramente *relacional* da relação de dominação entre os homens e as mulheres, tal como ela se estabelece *em todos os espaços e subespaços sociais*, isto é, não só na família, mas também no universo escolar e no mundo do trabalho, no universo burocrático e no campo da mídia, leva a deixar em pedaços a imagem fantasiosa de um "eterno feminino" para fazer ver melhor a permanência da estrutura da relação de dominação entre os homens e as mulheres, que se mantém acima das diferenças *substanciais* de condição, ligadas aos momentos da história e às posições no espaço social. Esta constatação da *constância trans-histórica da relação de dominação masculina*, longe de produzir, como por vezes se finge temer, um efeito de des-historicização, e portanto de naturalização, obriga a reverter a problemática ordinária, fundamentada na constatação das mudanças mais visíveis na *condição* das mulheres: na realidade, isto obriga a colocar a questão, sempre ignorada, do trabalho histórico, sempre renovado, que se desenvolve para arrancar a dominação masculina da história e os mecanismos e as ações históricas que são responsáveis por sua aparente des-historicização e que toda a política de transformação histórica tem que conhecer sob pena de se ver fadada à impotência.

Ele obriga, enfim, e principalmente, a perceber a vaidade dos apelos ostentatórios dos filósofos "pós-modernos" no sentido de "ultrapassar os dualismos": estes, profundamente enraizados nas coisas (as estruturas) e nos corpos, não nasceram de um simples feito de nominação verbal e não podem ser abolidos com um ato de magia performática — os gêneros, longe de serem simples "papéis" com que se poderia jogar à vontade (à maneira das *drag queens*), estão inscritos nos corpos e em todo um universo do qual extraem sua força.[36] É a ordem dos gêneros que

36 Judith Butler parece ela própria rejeitar a visão "voluntarista" de gênero, que parecia antes propor em *Problemas de gênero*, quando escreve: "*The misapprehension about gender performativity is this; that gender is a choice, or that gender is a role, or that gender is a construction that one puts on, as one puts clothes in the morning*" (J. Butler, *Bodies that Matter: On the Discursive Limits of "Sex"*, Nova York, Routledge, 1993, p. 94).

fundamenta a eficácia performativa das palavras — e mais especialmente dos insultos — e é também ela que *resiste* às definições falsamente revolucionárias do voluntarismo subversivo.

Tal como Michel Foucault, que pretende re-historicizar a sexualidade contra a naturalização psicanalítica, descrevendo, em uma *História da Sexualidade* concebida como "uma arqueologia da psicanálise", uma genealogia do homem ocidental enquanto "sujeito de desejo", esforçamo-nos aqui por fazer ver o inconsciente que governa as relações sexuais e, de modo mais geral, as relações entre os sexos, não só em sua ontogênese individual, como também em sua filogênese coletiva, isto é, em sua longa história, em parte imóvel, do inconsciente androcêntrico. Mas, para levar a bom termo o projeto de compreender o que caracteriza propriamente a experiência moderna da sexualidade, não podemos contentar-nos, como ele o fez, em insistir no que a diferencia sobretudo da Antiguidade grega ou romana, na qual "teríamos realmente dificuldade em encontrar uma noção semelhante à de 'sexualidade' ou de 'carne'", isto é, "uma noção referente a uma entidade única e permitindo reagrupar, como sendo da mesma natureza [...], fenômenos diversos e aparentemente distanciados uns dos outros, não só comportamentos, mas também sensações, imagens, desejos, instintos, paixões".[37]

37 M. Foucault, *Histoire de la sexualité*, t. 2: *L'Usage des plaisirs*, Paris, Gallimard, 1984, p. 43.

A sexualidade, tal como a entendemos, é efetivamente uma invenção histórica, mas que se efetivou progressivamente à medida que se realizava o processo de diferenciação dos diversos campos e de suas lógicas específicas. É por isso que foi preciso primeiro que o princípio de divisão sexuada (e não sexual), que constituía a oposição fundamental da razão mítica, deixasse de se aplicar a toda a ordem do mundo, tanto física quanto política, e portanto de definir, por exemplo, os fundamentos da cosmologia, como nos pensadores pré-socráticos: a constituição, em domínios separados, das práticas e dos discursos ligados ao sexo é inseparável, de fato, da dissociação progressiva entre a razão mítica, com suas analogias polissêmicas e vagas, e a razão lógica, que, nascida da discussão em um campo escolástico, vem pouco a pouco tomar a própria analogia como objeto (com Aristóteles, principalmente). E a emergência da sexualidade como tal é indissociável também do surgimento de todo um conjunto de campos e de agentes concorrendo pelo monopólio da definição legítima das práticas e dos discursos sexuais — campo religioso, campo jurídico, campo burocrático — e capazes de impor essa definição nas práticas, sobretudo através das famílias e da visão familiarista.

Os esquemas do inconsciente sexuado não são "alternativas estruturantes fundamentais" (*fundamental structuring alternatives*), como quer Goffman, e sim estruturas históricas, altamente diferenciadas, nascidas de um espaço social por sua vez altamente diferenciado, e que se reproduzem através da aprendizagem ligada à experiência que os agentes têm das estruturas desses espaços. É assim que a inserção em diferentes campos organizados de acordo com oposições (entre forte e fraco, grande e pequeno, pesado e leve, gordo e magro, tenso e solto, *hard* e *soft* etc.), as quais mantêm sempre uma relação de homologia com a distinção fundamental entre o masculino e o feminino e as alternativas secundárias em que ela se expressa (dominante/dominado, acima/abaixo, ativo-penetrar/passivo-ser penetrado),[38] vem seguida da inscrição, nos corpos, de uma série de oposições sexuais homólogas entre elas e também à oposição fundamental.

As oposições inscritas na estrutura social dos campos servem de suporte a estruturas cognitivas, taxinomias práticas, muitas vezes registradas em sistemas de adjetivos, que permitem produzir julgamentos éticos, estéticos, cognitivos. É, por exemplo, na área universitária, a oposição entre as disciplinas temporalmente dominantes, direito e medicina, e as disciplinas temporalmente dominadas, ciências e letras, e, dentro dessas, entre as ciências, com tudo que está do lado do *hard*, e as letras, isto é, o *soft*, ou ainda, sempre em descida, entre a sociologia, situada do lado da *ágora* e da política, e a psicologia, voltada à interioridade,

38 Michel Foucault viu bem a ligação entre a sexualidade e o poder (masculino), sobretudo na ética grega, que, feita por homens e para homens, leva a conceber "toda relação sexual segundo o esquema da penetração e da dominação do macho" (M. Foucault, *op. cit.*, p. 242).

tal como a literatura.[39] Ou, ainda no campo do poder, a oposição, profundamente marcada na objetividade das práticas e das propriedades, entre os patrões da indústria e do comércio e os intelectuais, e inscrita também nos cérebros, sob a forma de taxinomias explícitas ou implícitas que fazem com que o intelectual seja, aos olhos do "burguês", um ser dotado de propriedades situadas, todas, ao lado do feminino, do irrealismo, da irresponsabilidade (como se vê sobejamente naquelas situações em que dominantes seculares resolvem dar lições ao intelectual ou ao artista e, tal como o fazem os homens com as mulheres, lhes "explicar o que é a vida").

Isso quer dizer que a sociologia genética do inconsciente sexual encontra seu prolongamento lógico na análise das estruturas dos universos sociais em que este inconsciente se enraíza e se reproduz, quer se trate de divisões incorpo-

---

39 Sabe-se que a oposição entre *hard* e *soft* é a forma que assume no terreno da ciência a divisão do trabalho entre os sexos; e isto tanto na divisão do trabalho científico quanto nas representações, na avaliação de resultados etc. Em uma ordem totalmente diversa, os críticos literários do século XVI opunham o épico, masculino e grave, ao lírico, feminino, visto como ornamental. A oposição matricial se reencontra até no campo das relações internacionais, em que a França ocupa, em relação a diferentes países, Estados Unidos, Inglaterra ou Alemanha, uma posição que poderia ser dita "feminina". Em diversos países, Egito, Grécia ou Japão, os rapazes se orientam mais para países como Alemanha ou Inglaterra, ao passo que as moças vão mais para a França; além disso, vai-se para os Estados Unidos ou para a Inglaterra mais para fazer estudos de economia, de tecnologia ou de direito, e mais para a França para estudar letras, filosofia ou ciências humanas (cf. N. Panayotopoulos, "Les 'grandes écoles' d'un petit pays. Les études à l'étranger: le cas de la Grèce", *Actes de la recherche en sciences sociales*. 121-122, março 1998, pp. 77-91).

radas sob forma de princípios de divisão, ou das divisões objetivadas que se estabelecem entre as posições sociais (e seus ocupantes, preferencialmente masculinos ou femininos: médicos/enfermeiras, patrões/intelectuais etc.) e das quais a mais importante, do ponto de vista da perpetuação dessas divisões, é, sem dúvida, a que distingue os campos destinados à produção simbólica. A oposição fundamental, cuja forma canônica a sociedade cabila nos mostra, vê-se desacelerada e como que difratada em uma série de oposições homólogas, que a reproduzem, mas sob formas dispersas e muitas vezes já irreconhecíveis (como ciências e letras, ou cirurgia e dermatologia). Estas oposições específicas confinam o espírito, de forma mais ou menos insidiosa, sem se deixarem nunca apreender em sua unidade e em sua verdade, isto é, como tantas facetas de uma mesma estrutura das relações de dominação sexual.

É, portanto, sob a condição de manter juntas a totalidade dos lugares e a das formas nas quais se exerce essa espécie de dominação — que tem a particularidade de poder realizar-se em escalas bem diferentes, em todos os espaços sociais, dos mais limitados, como as famílias, aos mais vastos — que podemos captar as constantes de sua estrutura e os mecanismos de sua reprodução. As mudanças visíveis que afetaram a condição feminina mascaram a permanência de estruturas invisíveis que só podem ser esclarecidas por um pensamento relacional, capaz de *pôr em relação a economia doméstica, e portanto a divisão de trabalho e de poderes que a caracteriza, e os diferentes setores do mercado de trabalho* (os campos) em que estão situados os homens e as mulheres. E isso no lugar de apreender separadamente, como tem sido feito em geral, a distribuição de tarefas entre os sexos, e sobretudo entre os níveis, no trabalho doméstico e no trabalho não doméstico.

A verdade das relações estruturais de dominação sexual se deixa realmente entrever a partir do momento em que observamos, por exemplo, que as mulheres que atingiram os mais altos cargos (chefe, diretora em um ministério etc.) têm que "pagar", de certo modo, por este sucesso profissional com um menor "sucesso" na ordem doméstica (divórcio, casamento tardio, celibato, dificuldades ou fracassos com os filhos etc.) e na economia de bens simbólicos; ou, ao contrário, que o sucesso na empresa doméstica tem muitas vezes por contrapartida uma renúncia parcial ou total a maior sucesso profissional (através, sobretudo, da aceitação de "vantagens" que não são muito facilmente dadas às mulheres, a não ser quando as põem fora da corrida pelo poder: meio expediente ou jornada reduzida). É, de fato, sob a condição de levar em conta as obrigações que a estrutura do espaço doméstico (real ou potencial) faz pesar sobre a estrutura do espaço profissional (através, por exemplo, da representação de uma distância necessária, inevitável ou aceitável, entre a posição do marido e a posição da esposa) que podemos compreender a homologia entre as estruturas das posições masculinas e das posições femininas nos diferentes espaços sociais, homologia esta que tende a manter-se mesmo quando os termos não param de mudar de conteúdo substancial, em uma espécie de corrida de obstáculos em que as mulheres jamais eliminam seu *handicap.*[40]

Estabelecendo relações, podemos também compreender que a mesma relação de dominação pode ser observada, sob formas diferentes, nas condições femininas mais diversas, que vão da dedicação voluntária das mulheres da grande burguesia dos negócios e do dinheiro a seu lar ou a suas obras de caridade, à dedicação ancilar e "mercenária" das empregadas da casa, passando, no nível da pequena burguesia, pela ocupação de um emprego assalariado complementar ao do marido, compatível com ele, e quase sempre exercido como algo inferior. A estrutura da dominação masculina é o princípio último dessas inúmeras relações de dominação/submissão singulares que, diferentes em sua forma segundo a posição, no espaço social, dos agentes envolvidos (diferenças às vezes enormes e visíveis; outras vezes infinitesimais e quase invisíveis, mas homólogas e unidas, por isso mesmo, por um "ar de família"), separam e unem, em cada um dos universos sociais, os homens e as mulheres, mantendo assim entre eles a "linha de demarcação mística" de que falava Virginia Woolf.

---

40 Possuir um grande capital cultural não basta por si só para dar acesso às condições de uma verdadeira autonomia econômica e cultural em relação aos homens. Se dermos crédito aos que constatam que, em um casal em que o homem ganha muito dinheiro, o trabalho da mulher aparece como privilégio eletivo, que tem que se justificar com um suplemento de atividades e de sucesso, ou que o homem que traz mais da metade dos rendimentos espera que a mulher faça mais da metade do trabalho doméstico, a independência econômica, condição necessária, não é suficiente por si mesma para permitir que a mulher se livre das pressões do modelo dominante, que pode continuar a povoar os *habitus* masculinos e femininos.

uma espécie de coletânea de obstáculos em que as mulheres jamais eliminam seu handicap.[61]

Estabelecendo relações, poderemos também compreender que a mesma relação de dominação pode ser observada, sob formas diferentes, nas condições econômicas mais diversas, que vão da dedicação voluntária das mulheres da grande burguesia dos negócios e do dinheiro a seu lar ou a suas obras de caridade, à dedicação ancilar e "mercenária" das empregadas da casa, passando, no nível da pequena burguesia, pela ocupação de um emprego assalariado complementar ao do marido e compatível com ele e quase sempre exercido [illegible]. A estrutura da dominação masculina é o princípio último dessas inúmeras relações de dominação/submissão singulares que, diferentes em sua forma segundo a posição no espaço social dos agentes em foco (diferenças às vezes enormes e visíveis, outras vezes infinitesimais e quase invisíveis, mas homólogas e unidas, por isso mesmo, por um "ar de família"), separam e unem, em cada um dos universos sociais, os homens e as mulheres, mantendo assim entre eles a "linha de demarcação mística" de que falava Virginia Woolf.

61 [illegible]

Post-scriptum sobre a dominação e o amor

Parar aqui representaria abandonar-nos ao "prazer de desiludir" de que falava Virginia Woolf (prazer que faz parte, sem dúvida, das satisfações por vezes sub-repticiamente buscadas pela sociologia), deixando de lado na pesquisa todo o universo encantado das relações amorosas.[1] Tentação tanto mais forte quanto mais difícil se mostra, sem se expor a cair na "comicidade pedante", falar do amor na linguagem da análise e, mais precisamente, escapar da alternativa entre lirismo e cinismo, entre o conto de fadas e a fábula, ou o *fabliau*. Seria o amor uma exceção, a única, mas de primeira grandeza, à lei da dominação masculina, uma suspensão da violência simbólica, ou a forma suprema, porque a mais sutil e a mais invisível, desta violência? Quando ele assume a forma do amor marcado pelo destino, do *amor fati*, em

1 Já ressaltei muitas vezes, sobretudo no final de *La Distinction* (*op. cit.*, p. 566), a parte que a busca dos prazeres da "visão lúcida" poderia ter na *libido sciendi*, especificamente sociológica, sem ver que o "prazer de desiludir" (de fazer perder as ilusões), que lhe é inseparável, poderia explicar, e em parte justificar, certas reações mais violentamente negativas que a sociologia provoca.

uma ou outra de suas variantes, quer se trate, por exemplo, da adesão ao inevitável que levava um sem-número de mulheres, pelo menos na Cabília antiga ou na Bearn de outrora, e sem dúvida muito além (como o atestam as estatísticas da homogamia), a julgar amável e chegar a amar aquele que o destino social lhes designava, o amor é dominação aceita, não percebida como tal e praticamente reconhecida, na paixão, feliz ou infeliz. E o que dizer do investimento, imposto pela necessidade e pelo hábito, nas condições de existência mais odiosas ou nas profissões mais perigosas?

Mas o nariz de Cleópatra está aí mesmo para nos lembrar, juntamente com toda a mitologia sobre o poder maléfico, terrificante e fascinante da mulher em todas as mitologias — da Eva tentadora, da envolvente Ônfale, de Circe, cheia de sortilégios ou feiticeira manipuladora de destinos —, que o misterioso envolvimento do amor pode também se exercer sobre os homens. As forças que suspeitamos agir na obscuridade e no segredo das relações íntimas ("ditas ao ouvido") e que prendem os homens com a magia dos arroubos da paixão, fazendo-os esquecer dos deveres ligados a sua dignidade social, determinam uma inversão na relação de dominação; inversão que, ruptura fatal da ordem comum, normal, natural, é condenada como uma falta contra a natureza e destinada, como tal, a reforçar a mitologia androcêntrica.

Mas assim ficamos com a perspectiva da luta ou da guerra, excluindo a possibilidade mesma de suspensão da força e das relações de força que parece constitutiva da experiência do amor e da amizade. Ora, nesta espécie de trégua milagrosa, em que a dominação parece dominada, ou melhor, anulada, e a violência viril apaziguada (as mulheres, como já foi dito inúmeras vezes, civilizam, despojando as relações sociais de sua grosseria e de sua brutalidade), cessa a visão masculina, sempre cinegética ou guerreira, das relações entre os sexos; cessam, no mesmo ato, as estratégias de dominação que visam a atrelar, prender, submeter, rebaixar ou subordinar, suscitando inquietações, incertezas, expectativas, frustrações, mágoas, humilhações, e reintroduzindo assim a dissimetria de uma troca desigual.

Mas, como bem disse Sasha Weitman, o corte com a ordem comum não se realiza de um só golpe e de uma vez por todas. É somente com um trabalho constante, sem cessar, que pode ser arrancada das águas frias do cálculo, da violência e do interesse a "ilha encantada" do amor, este mundo fechado e totalmente autárquico em que se dá toda uma série contínua de milagres: o milagre da não violência, que torna possível a instauração de relações baseadas em total *reciprocidade* e autorizando o abandono e a retomada de si mesmo; o milagre do reconhecimento mútuo, que permite, como diz Sartre, sentir "justificado o próprio existir", assumido, até em suas particularidades mais contingentes ou mais negativas, na e por uma espécie de absolutização arbitrária da arbitrariedade de um encontro ("porque era ele, porque era eu"); o milagre do *desinteresse*, que torna possíveis relações desinstrumentalizadas, geradas pela felicidade de fazer feliz,[2] de encontrar no encantamento do outro, e sobretudo no encantamento que ele suscita, razões inesgotáveis de maravilhar-se. Todos os traços, levados a seu mais alto grau, da *economia das trocas simbólicas*, cuja forma suprema é a doação de si mesmo e de seu corpo, objeto agradado, excluído da circulação mercantil, e que, por suporem e produzirem relações duradouras e não instrumentalizadas, opõem-se diametralmente, como mostrou David Schneider, às trocas do mercado de trabalho, transações temporárias e estritamente instrumentais entre agentes indistintos, ou seja, indiferentes e intercambiáveis — cujo amor venal, ou mercenário, verdadeira contradição nos termos, representa o limite universalmente reconhecido como sacrilégio.[3]

O "amor puro", esta arte pela arte do amor, é uma invenção histórica relativamente recente, como a arte pela arte, o amor puro da arte com o qual ele tem relação, histórica e estruturalmente.[4] Não há dúvida de que só muito raramente o encontramos em sua forma mais perfeita e, limite quase nunca atingido — chega-se a falar no caso em "amor louco" —, ele é intrinsecamente frágil, porque sempre associado a exigências excessivas, a "loucuras" (não é por nele se investir demasiado que o casamento se vê tão fortemente

---

2 Que se opõe fundamentalmente ao fato de tratar o outro como instrumento, como puro meio de gozo, sem levar em conta suas *próprias finalidades*.
3 Cf. P. Bourdieu, "Le corps et le sacré", *Actes de la recherche en sciences sociales*, 104, setembro 1994, p. 2.
4 Cf. P. Bourdieu, *Les Règles de l'art. Genèse et structure du champ littéraire*, Paris, Éditions du Seuil, 1992.

arriscado ao divórcio?), e sem cessar ameaçado pela crise que suscita o retorno do cálculo egoísta ou em simples consequência da rotina. Mas ele existe suficientemente, apesar de tudo, sobretudo nas mulheres, para poder ser instituído em norma, ou em ideal prático, digno de ser perseguido por ele mesmo e pelas experiências de exceção que ele traz. A aura de mistério que o cerca, sobretudo na tradição literária, pode ser facilmente compreendida *de um ponto de vista estritamente antropológico:* baseado na suspensão da luta pelo poder simbólico que a busca de reconhecimento e a tentação correlativa de dominar suscitam, o reconhecimento mútuo pelo qual cada um se reconhece no outro e o reconhece também como tal pode levar, em sua perfeita reflexividade, para além da alternativa do egoísmo e do altruísmo ou até da distinção do sujeito e do objeto, a um estado de fusão e de comunhão, muitas vezes evocado em metáforas próximas às do místico, em que dois seres podem "perder-se um no outro" sem se perder. Conseguindo sair da instabilidade e da insegurança características da dialética da honra que, embora baseada em uma postulação de igualdade, está sempre exposta ao impulso do dominador da escalada, o sujeito amoroso só pode obter o reconhecimento de outro sujeito, mas que abdique, como ele o fez, da intenção de dominar. Ele entrega livremente sua liberdade a um dono que lhe entrega igualmente a sua, coincidindo com ele em um ato de livre alienação indefinidamente afirmado (através da repetição, sem redundâncias, do "eu te amo"). Ele se vivencia como um criador quase divino que faz, *ex nihilo,* a pessoa amada através do poder que esta lhe concede (sobretudo o poder de *nominação*, manifesto em todos os nomes únicos e conhecidos apenas de ambos que os apaixonados se dão mutuamente e que, como em um ritual iniciático, marcam um novo nascimento, um primeiro começo absoluto, uma mudança de estatuto ontológico); mas um criador que, em retorno e simultaneamente, vê-se, à diferença de um Pigmalião egocêntrico e dominador, como o criador de sua criatura.

Reconhecimento mútuo, troca de justificações de existência e de razões de ser, testemunhos recíprocos de *confiança*, signos, todos, da total reciprocidade que confere ao círculo em que se encerra a díade amorosa, unidade social elementar, indivisível e dotada de uma potência autárquica simbólica, o poder de rivalizar vitoriosamente com todas as consagrações que ordinariamente se pedem às instituições e aos ritos da "Sociedade", este substituto mundano de Deus.[5]

---

5 Sobre a função propriamente teológico-política da instituição e de seus ritos, ver P. Bourdieu, *Méditations pascaliennes* (*op. cit.*, pp. 279-288).

Conclusão

A divulgação da análise científica de uma forma de dominação tem necessariamente efeitos sociais, mas que podem ser de sentidos opostos: ela pode reforçar simbolicamente a dominação, quando suas constatações parecerem retomar ou recortar o discurso dominante (cujos veredictos negativos assumem muitas vezes os contornos de um puro registro comprovante), ou contribuir para neutralizá-la, à maneira da divulgação de um segredo de Estado, favorecendo a mobilização das vítimas. Ela está, portanto, exposta a toda sorte de mal-entendidos, mais fáceis de serem revistos que de serem de antemão dissipados.

Diante de tão difíceis condições de recepção, o analista ficaria tentado a simplesmente invocar sua boa-fé, se não soubesse que, em assuntos tão sensíveis, esta é insuficiente; como o é, igualmente, a convicção militante que inspira um sem-número de escritos dedicados à condição feminina (e que está no princípio do interesse por objetos até então ignorados ou negligenciados). Não poderíamos, realmente, subestimar os riscos a que está exposto todo projeto científico que se deixa impor seu objeto por considerações externas, por mais nobres e generosas que sejam. As "boas causas" não podem servir de justificativas epistemológicas e dispensar a análise reflexiva, que por vezes obriga a descobrir que a prioridade concedida aos "bons sentimentos" não exclui necessariamente o interesse pelos lucros associados às "boas lutas" (o que não significa, em absoluto, que, como já fui obrigado a dizer outras vezes, "todo projeto militante seja acientífico"). Se não se trata de excluir da ciência, em nome de alguma utópica *Wertfreiheit* ("abstenção de juízo de valor"), a motivação individual ou coletiva que suscita a existência de uma mobilização política e intelectual, o que se pode dizer é que o melhor dos movimentos políticos está fadado a fazer uma má ciência e, em última instância, uma má política, se não conseguir transformar suas disposições subversivas em inspiração crítica — e, antes de mais nada, em autocrítica.

É, sem dúvida, plenamente compreensível que, para evitar *ratificar* o real aparentando registrá-lo cientificamente, possamos ver-nos levados a deixar passar em silêncio os efeitos mais visivelmente negativos da dominação e da exploração: quer quando, por um cuidado de reabilitação, ou por medo de dar armas ao racismo, que inscreve exatamente as diferenças culturais na natureza dos dominados e que autoriza a "culpar as vítimas" pondo-se entre parênteses as condições de existência de que elas são produto, toma-se partido, mais ou menos consciente, de falar em "cultura popular" ou, a propósito dos negros dos Estados Unidos, em "cultura da pobreza"; quer quando, como no caso de algumas feministas atuais, se prefere "deixar de lado a análise da submissão, por medo de que, ao admitir a participação das mulheres na relação de dominação, se leve apenas a transferir dos homens para as mulheres a carga de responsabilidade".[1] De fato, contra a tentação, aparentemente generosa e à qual foram sacrificados tantos movimentos subversivos, de, em nome da simpatia, da solidariedade ou da indignação, dar uma representação idealizada dos oprimidos e dos estigmatizados, deixando passar em silêncio os próprios efeitos da dominação, principalmente os mais negativos, é preciso assumir o risco de parecer justificar a ordem estabelecida, trazendo à luz as propriedades pelas quais os dominados (mulheres, operários etc.), tais como a dominação os fez, podem contribuir para sua própria dominação.[2] As aparências — será preciso lembrar mais uma vez? — são sempre pela aparência, e a tentativa de desvelá-las se expõe a suscitar ao mesmo tempo as condenações indignadas do conservadorismo e as denúncias farisaicas do revolucionarismo. Particularmente lúcida, exatamente por isso, quanto aos efeitos prováveis da lucidez, Catharine MacKinnon lamenta, assim, que, quando

1 J. Benjamin, *The Bonds of Love, Psychoanalysis, Feminism and the Problems, of Domination*, Nova York, Pantheon Books, 1988, p. 9.

2 Do mesmo modo, pôr em foco os efeitos que a dominação masculina exerce sobre os *habitus* masculinos não é, como alguns poderão crer, tentar desculpar os homens. É mostrar que o esforço no sentido de libertar as mulheres da dominação, isto é, das estruturas objetivas e incorporadas que se lhes impõem, não pode se dar sem um esforço paralelo no sentido de liberar os homens dessas mesmas estruturas que fazem com que eles contribuam para impô-la.

ela se esforça por descrever a verdade das relações entre os sexos, acusam-na imediatamente de ser "condescendente para com as mulheres" (*condescending to women*), quando ela não faz mais que dizer como "as mulheres são objeto de condescendência" (*women are condescended to*).[3] Acusação ainda mais provável quando se trata de um homem, que evidentemente nada pode contrapor àquelas que se arrogam, em nome da autoridade absoluta que representa a "experiência" da feminilidade, o direito de condenar sem apelação toda tentativa de pensar o objeto cujo monopólio elas assim detêm sem dificuldade.[4]

Em suma, a prejudicial suspeita que pesa muitas vezes sobre os escritos masculinos a respeito da diferença entre os sexos não é inteiramente infundada. Não só porque o analista, que está envolvido por aquilo que ele crê compreender, pode, obedecendo sem perceber a intenções justificantes, tomar pressupostos que ele próprio adotou como revelações sobre os pressupostos dos agentes, mas, sobretudo, porque, ao lidar com uma instituição que está há milênios inscrita

---

3 Cf. C. A. MacKinnon, *Feminism Unmodified, Discourses on Life and Law*, Cambridge (Mass.) e Londres, Harvard University Press, 1987.

4 Reivindicar o monopólio de um objeto, qualquer que seja (nem que seja com o simples uso do "nós", corrente em certos escritos feministas), em nome do privilégio cognitivo que se crê estar assegurado apenas pelo fato de ser ao mesmo tempo sujeito e objeto, e, mais precisamente, de ter experimentado em primeira pessoa a forma singular da condição humana que se busca analisar cientificamente, é importar para o campo científico a defesa política de particularismos que autoriza uma desconfiança a *priori*, e pôr em questão o universalismo que, através sobretudo do direito de acesso a todos os objetos, é um dos fundamentos da República das ciências.

na objetividade das estruturas sociais e na subjetividade das estruturas cognitivas, e não tendo, portanto, para pensar a oposição entre o masculino e o feminino, mais que um espírito estruturado segundo esta oposição, ele se expõe a usar, como instrumentos de conhecimento, esquemas de percepção e de pensamento que ele deveria tratar como objetos de conhecimento. E mesmo o analista mais esclarecido (um Kant ou um Sartre, um Freud ou até um Lacan...) está arriscado a extrair sem o saber, de um inconsciente impensado, os instrumentos de pensamento que ele usa para tentar pensar o inconsciente.

Se me aventurei, pois, depois de muita hesitação e com a maior apreensão, por um terreno extremamente difícil e quase que inteiramente monopolizado hoje pelas mulheres, é porque eu tinha o sentimento de que a relação de exterioridade na simpatia em que eu me havia colocado poderia permitir-me produzir, com o apoio do imenso trabalho estimulado pelo movimento feminista, e também dos resultados de minha própria pesquisa a respeito das causas e dos efeitos sociais da dominação simbólica, uma análise capaz de orientar de outro modo não só a pesquisa sobre a condição feminina, ou, de maneira mais *relacional,* sobre as relações entre os gêneros, como também a ação destinada a transformá-las. Realmente, creio que, se a unidade doméstica é um dos lugares em que a dominação masculina se manifesta de maneira mais indiscutível (e não só através do recurso à violência física), o princípio de perpetuação das relações de força materiais e simbólicas que aí se exercem se coloca essencialmente fora desta unidade, em instâncias como a Igreja a Escola ou o Estado e em suas ações propriamente políticas, declaradas ou disfarçadas, oficiais ou oficiosas (basta, para nos convencermos disto, observar, na realidade imediata, as reações e as resistências ao projeto de contrato de união civil).

O que significa que o movimento feminista contribuiu muito para uma considerável ampliação da área política ou do politizável, fazendo com que entrassem na esfera do politicamente discutível ou contestável objetos e preocupações afastados ou ignorados pela tradição política, por parecerem pertencer à ordem do privado; mas não deve igualmente deixar-se levar a excluir, sob pretexto de elas pertencerem à lógica mais tradicional da política, as lutas a propósito de instâncias que, com sua ação negativa, e em grande parte invisível — porque elas estão ligadas às estruturas dos inconscientes masculinos e também femininos —, contribuem fortemente para a perpetuação das relações sociais de dominação entre os sexos. O movimento feminista não deve mais deixar-se encerrar apenas em formas de luta política rotuladas de feministas, como a reivindicação de paridade entre os homens e as mulheres nas instâncias políticas: se elas têm o mérito de lembrar que o universalismo de princípio que postula o direito constitucional não é tão universal quanto parece — sobretudo por só reconhecer indivíduos abstratos e desprovidos de qualificações sociais —, estas lutas correm o risco de redobrar os efeitos de outra forma de universalismo fictício, favorecendo prioritariamente mulheres saídas das mesmas áreas do espaço social dos homens que ocupam atualmente as posições dominantes.

Só uma ação política que leve realmente em conta todos os efeitos de dominação que se exercem através da cumplicidade objetiva entre as estruturas incorporadas (tanto entre as mulheres quanto entre os homens) e as estruturas de grandes instituições, nas quais se realizam e se produzem não só a ordem masculina, mas também toda a ordem social (a começar pelo Estado, estruturado em torno da oposição entre sua "mão direita", masculina, e sua "mão esquerda", feminina, e a Escola, responsável pela reprodução efetiva de todos os princípios de visão e de divisão fundamentais, e organizada também em torno de oposições homólogas), poderá, a longo prazo, sem dúvida, e trabalhando com as contradições inerentes aos diferentes mecanismos ou instituições referidas, contribuir para o desaparecimento progressivo da dominação masculina.

versalismo fictício, favorecendo prioritariamente mulheres saídas das mesmas áreas do espaço social dos homens que ocupam atualmente as posições dominantes.

Só uma ação política que leve realmente em conta todos os efeitos de dominação que se exercem através da cumplicidade objetiva entre as estruturas incorporadas (tanto entre as mulheres quanto entre os homens) e as estruturas de grandes instituições em que se realizam e se produzem não só a ordem masculina, mas também toda a ordem social (a começar pelo Estado, estruturado em torno da oposição entre sua "mão direita", masculina, e sua "mão esquerda", feminina, e a Escola, responsável pela reprodução efetiva de todos os princípios de visão e de divisão fundamentais, e organizada também em torno de oposições homólogas) poderá, a longo prazo, sem dúvida, e trabalhando com as contradições inerentes aos diferentes mecanismos ou instituições referidas, contribuir para o desaparecimento progressivo da dominação masculina.

Apêndice

Algumas questões sobre o movimento gay

O movimento gay coloca, ao mesmo tempo, tacitamente, com sua existência e suas ações simbólicas, e explicitamente, com os discursos e teorias que produz, ou a que dá lugar, certo número de questões que estão entre as mais importantes das ciências sociais e que, para alguns, são totalmente novas.[1] Esse movimento de revolta contra uma forma particular de violência simbólica, além de suscitar novos objetos de análise, põe profundamente em questão a ordem simbólica vigente e coloca de maneira bastante radical a questão dos

1 Neste texto, de que apresentei um primeiro esboço em um encontro dedicado a pesquisas sobre os gays e as lésbicas, falarei apenas do "movimento", sem tomar partido sobre a relação, bastante complexa, que os diferentes grupos, coletivos e associações que o constituem mantêm com a (ou as) "coletividade(s)" ou "categoria(s)" — mais que "comunidade(s)" — de gays e lésbicas, ela(s) mesma(s) de difícil definição (deveríamos tomar como critério as práticas sexuais — mas declaradas ou escondidas, efetivas ou potenciais — ou a frequência a determinados lugares ou certo estilo de vida?).

fundamentos dessa ordem e das condições de uma mobilização bem-sucedida visando a subvertê-la.

A forma particular de dominação simbólica de que são vítimas os homossexuais, marcados por um estigma que, diferentemente da cor da pele ou da feminilidade, pode ser ocultado (ou exibido), impõe-se através de atos coletivos de categorização que dão margem a diferenças significativas, negativamente marcadas, e com isso a grupos ou categorias sociais estigmatizados. Como em certos tipos de racismo, ela assume, no caso, a forma de uma negação da sua existência pública, visível. A opressão como forma de "invisibilização" traduz uma recusa à existência legítima, pública, isto é, conhecida e reconhecida, sobretudo pelo direito, e por uma estigmatização que só aparece de forma realmente declarada quando o movimento reivindica a visibilidade. Alega-se, então, explicitamente, a "discrição" ou a dissimulação a que ele é ordinariamente obrigado a se impor.

Falar de dominação, ou de violência simbólica, é dizer que, salvo uma revolta subversiva que conduza à inversão das categorias de percepção e de avaliação, o dominado tende a assumir a respeito de si mesmo o ponto de vista dominante: através, principalmente, do *efeito de destino* que a categorização estigmatizante produz, e em particular do insulto, real ou potencial, ele pode ser assim levado a aplicar a si mesmo e a aceitar, constrangido e forçado, as categorias de percepção *direitas* (*straight*, em oposição a *crooked*, tortas), e a viver envergonhadamente a experiência sexual que, do ponto de vista das categorias dominantes, o define, equilibrando-se entre o medo de ser visto, desmascarado, e o desejo de ser reconhecido pelos demais homossexuais.

A particularidade desta relação de dominação simbólica é que ela não está ligada aos signos sexuais visíveis, e sim à prática sexual. A definição dominante da forma legítima desta prática, vista como relação de dominação do princípio masculino (ativo, penetrante) sobre o princípio feminino (passivo, penetrado), implica o tabu da feminilização, sacrilégio do masculino, isto é, do princípio dominante, que está inscrito na relação homossexual. Comprovando a universalidade do reconhecimento concedido à mitologia androcêntrica, os próprios homossexuais, embora sejam disso (tal como as mulheres) as primeiras vítimas, aplicam a si mesmos muitas vezes os princípios dominantes: tal como as lésbicas, eles não raro reproduzem, nos casais que formam, uma divisão dos papéis masculino e feminino pouco afeita a aproximá-los das feministas (sempre prontas a suspeitar de sua cumplicidade com o gênero masculino a que pertencem, mesmo se este os oprime) e levam por vezes a extremos a afirmação da virilidade em sua forma mais comum, sem dúvida em reação contra o estilo "efeminado", antes dominante.

Inscritos ao mesmo tempo na objetividade, sob forma das divisões instituídas, e nos corpos, sob a forma de uma relação de dominação somatizada (que se trai na vergonha), as oposições paralelas que são constitutivas dessa mitologia estruturam a percepção dos próprios corpos e dos usos, sobretudo sexuais, que deles se fazem, isto é, ao mesmo tempo a divisão sexual do trabalho e a divisão do trabalho sexual. E é, talvez, por lembrar de forma particularmente aguda o laço que une a sexualidade ao poder, e portanto à política (evocando, por exemplo, o caráter monstruoso, porque duplamente "contra a natureza", de que se reveste, em inúmeras sociedades, a homossexualidade passiva com um dominado), que a análise da homossexualidade pode levar a uma *política* (ou a uma *utopia*) *da sexualidade* visando a diferenciar radicalmente a relação sexual de uma relação de poder.

Mas, por não querer, ou não poder, dar-se como objetivo uma subversão radical das estruturas sociais e das estruturas cognitivas, subversão essa que deveria mobilizar todas as vítimas de uma discriminação de base sexual (e, de maneira mais geral, todos os estigmatizados), condenam-se não raro a se encerrar em uma das mais trágicas antinomias de dominação simbólica: como se revoltar contra uma categorização socialmente imposta organizando-se como uma categoria construída segundo esta categorização e fazendo assim existirem as classificações e as restrições às quais se pretende resistir — em vez de, por exemplo, lutar por uma nova ordem sexual em que a distinção entre os diferentes estatutos sexuais fosse indiferente? O movimento que contribuiu para lembrar que, assim como a família, a religião, a nação ou qualquer outra entidade coletiva, o estatuto de gay ou de lésbica não passa de uma construção social, baseada na crença, pode contentar-se com uma revolução simbólica capaz de dar visibilidade, conhecida e reconhecida, a essa construção, como conferir-lhe a existência plena e total de uma *categoria realizada*, invertendo o sinal de estigmatização para transformá-lo em emblema — como o faz o *gay pride* em sua manifestação pública, pontual e extraordinária da existência coletiva do grupo invisível? Ainda mais porque, ao fazer ver que o estatuto de gay ou de lésbica é uma construção social, uma ficção coletiva da ordem "heteronormativa", *que se construiu, aliás, em parte contra o homossexual*, e lembrando a diversidade extrema de todos os membros dessa categoria construída, o movimento tende (é outra antinomia) a dissolver de certo modo suas próprias bases sociais, aquelas mesmas que ele tem que construir para existir enquanto força social capaz de reverter a ordem simbólica dominante e para dar força à reivindicação de que é portador.

E deve ele levar a cabo sua ação reivindicatória (e sua contradição) exigindo do Estado que confira ao grupo estigmatizado o reconhecimento duradouro e comum de um estatuto público e publicado, por meio de um ato solene de estado civil? A verdade é que, de fato, a ação de subversão simbólica, se quiser ser realista, não pode se limitar a rupturas simbólicas — mesmo quando, como se dá em certas provocações estéticas, elas sejam eficazes no sentido de levar à suspensão das evidências. Para mudar duradouramente as representações, o movimento tem que operar e impor uma transformação duradoura das categorias incorporadas (dos esquemas de pensamento) que, através da educação, conferem um estatuto de realidade evidente, necessária, indiscutida, natural, nos limites de sua alçada de validade, às categorias sociais que elas produzem. Ele tem que exigir do direito (que, como a palavra mesma diz, está parcialmente ligado ao *straight*...) um reconhecimento da particularidade, que implica sua anulação: tudo se passa, de fato, como se os homossexuais, que tiveram que lutar para passar da invisibilidade para a visibilidade, para deixarem de ser excluídos e invisibilizados, visassem a voltar a ser invisíveis, e de certo modo neutros e neutralizados, pela submissão à norma dominante.[2] Basta pensar em todas as contradições que a noção de "arrimo de família" implica quando aplicada a um dos membros de um casal homossexual para compreender que o realismo que leva a ver no contrato de união civil o preço a ser pago para "retornar à ordem" e obter o direito à *visibilidade invisível* do bom soldado, do bom cidadão ou do bom cônjuge, e, no mesmo ato, de uma parte mínima dos direitos normalmente concedidos a todos os membros da parte inteira, que é a comunidade (tais como os direitos de sucessão), dificilmente possa justificar totalmente, para inúmeros homossexuais, as concessões à ordem simbólica que tal contrato implica, como, por exemplo, a condição de

2 A contradição estrutural existente em seu princípio condena os movimentos nascidos dos grupos dominados e estigmatizados a uma pendulação entre a invisibilização e a exibição, entre a anulação e a celebração de diferença, que faz com que, assim como o movimento dos Direitos Civis ou o movimento feminista, eles adotem, segundo as circunstâncias, uma ou outra estratégia, em função da estrutura das organizações, do acesso à política e das formas de oposição encontradas (M. Bernstein, "Celebration and Suppression: The Strategic Uses of Identity by the Lesbian and Gay Movement", *American Journal of Sociology*, 103, novembro 1997, pp. 531-565)

dependente de um dos membros do casal. (É significativo que, para minimizar a inconsequência que resulta da manutenção da diferença, ou até da hierarquia, em casais que realizaram a transgressão escandalosa da fronteira sagrada entre o masculino e o feminino, as associações de homossexuais dos países nórdicos que obtiveram o reconhecimento da união civil de homossexuais tenham escolhido, como observou Annick Prieur,[3] exibir publicamente casais de quase-gêmeos, que não apresentam nenhum dos signos capazes de fazer lembrar aquela divisão simbólica e a oposição ativo/passivo que ela subentende.)

Será possível converter a antinomia em alternativa suscetível de ser dirigida por uma escolha racional? A força da ortodoxia, isto é, da *doxa* direita e de direita que impõe todo tipo de domínio simbólico (branco, masculino, burguês), provém do fato de que ela transforma particularidades nascidas da discriminação histórica em disposições incorporadas, revestidas de todos os signos do natural; estas disposições, que na maior parte das vezes são profundamente ajustadas às pressões objetivas de que são produto e que implicam uma forma de aceitação tácita dessas pressões (por exemplo, fazendo da *guetização um* "amor ao gueto"), estão fadadas a aparecer, quando ligadas aos dominantes, quer como atributos não marcados, neutros, universais, isto é, ao mesmo tempo visíveis, distintivos, e invisíveis, não marca-

3 A. Prieur, R. S. Halvorsen, "Le droit à l'indifférence: le mariage homosexuel", *Actes de la recherche en sciences sociales,* 113, 1996, pp. 6-15.

dos, "naturais" (a "distinção natural"); quer, quando ligadas aos dominados, como "diferenças", isto é, como marcas negativas, falhas, ou até estigmas, que exigem justificação. Esta *doxa* dá, assim, uma base objetiva e uma ameaçadora eficácia a todas as estratégias da hipocrisia universalista que, invertendo as responsabilidades, denuncia como ruptura particularista ou "comunitarista" do contrato universalista toda e qualquer reivindicação de acesso dos dominados ao direito e ao destino comum. Assim, paradoxalmente, é quando se mobilizam para reivindicar os direitos universais que lhes foram, de fato, recusados que os membros dessas minorias simbólicas são chamados à ordem do universal. Jamais o particularismo e o "comunitarismo" do movimento gay e lésbico foi tão violentamente condenado quanto no momento em que, com o contrato de união social, sobretudo, ele exige que a lei comum seja aplicada aos gays e às lésbicas (que são duplamente dominadas, mesmo dentro de um movimento que comporta 90% de gays e 10% de lésbicas e é ainda marcado por uma forte tradição masculina).

Como, então, se contrapor ao universalismo hipócrita sem universalizar um particularismo? Como, em termos mais realistas, isto é, mais diretamente políticos, evitar que as conquistas do movimento não terminem em uma forma de guetização? Pelo fato de estar baseado em uma particularidade de comportamento, que não acarreta necessariamente *handicaps* econômicos e sociais, o movimento gay e lésbico reúne indivíduos que, embora estigmatizados, são relativamente privilegiados, sobretudo do ponto de vista do capital cultural, que constitui um trunfo considerável nas lutas simbólicas. Ora, o objetivo de todo movimento de subversão simbólica é operar um trabalho de destruição e de construção simbólicas visando a impor novas categorias de percepção e de avaliação, de modo a construir um grupo, ou, mais radicalmente, a destruir o princípio mesmo de divisão segundo o qual são produzidos não só o grupo estigmatizante, como também o grupo estigmatizado. Este trabalho os homossexuais estão particularmente armados para realizar: eles podem pôr a serviço do universalismo, sobretudo nas lutas subversivas, as vantagens ligadas ao particularismo.

Dito isso, uma última dificuldade: o movimento, tendo esta particularidade, tal como o movimento feminista, de reunir agentes dotados de um forte capital cultural, está fadado a encontrar, sob uma forma particularmente contundente, o problema da delegação a um porta-voz, capaz de formar o grupo, encarnando-o e expressando-o; no entanto, como em certos movimentos de extrema--esquerda, ele tende a se atomizar em seitas engajadas em lutas pelo monopólio da expressão pública do grupo. Embora se possa indagar se a única maneira desse movimento fugir de uma guetização e de um sectarismo que se reforçam mutuamente não seria pôr suas capacidades específicas, que ele deve à combinação relativamente inusitada de uma forte disposição subversiva, ligada a um estatuto estigmatizado, e de um forte capital cultural, a serviço do movimento social como um todo; ou mesmo se, para sacrificar um instante ao utopismo, colocar-se na vanguarda, pelo menos no plano do trabalho teórico e da ação simbólica (em que certos grupos homossexuais são mestres declarados), dos movimentos políticos e científicos subversivos, pondo, assim, a serviço do universal, as vantagens particulares que distinguem os homossexuais dos outros grupos estigmatizados.

Índice das noções*

* Índice elaborado por Franck Poupeau

Índice onomástico

Impresso no Brasil pelo
Sistema Cameron da Divisão Gráfica da
DISTRIBUIDORA RECORD DE SERVIÇOS DE IMPRENSA S.A.
Rua Argentina, 171 – Rio de Janeiro, RJ – 20921-380 – Tel.: (21)2585-2000